Hildegund Fischle-Carl, Das schöne schwere Miteinander

»Wie wir uns gegenseitig dabei helfen,
durch Partnerschaft in Bewegung zu kommen,
an unsere Probleme zu geraten
und schlicht und einfach reifer zu werden,
ist die entscheidende Frage
im mitmenschlichen Zusammenleben.«

Hildegund Fischle-Carl

An vielen Beispielen aus dem Alltag verdeutlicht die Psychotherapeutin, wo die psychischen Ursachen liegen, wenn es in einer Partnerschaft Schwierigkeiten gibt. Sie ermutigt zum Neuanfang und zum Dazulernen, so daß der einzelne erwachsener und das Miteinander glücklicher wird.

Hildegund Fischle-Carl

Das schöne schwere Miteinander

Wege zum Du

Kreuz Verlag Stuttgart · Berlin

CIP-Kurztitelaufnahme der Deutschen Bibliothek

Fischle-Carl, Hildegund:
Das schöne schwere Miteinander: Wege zum Du /
Hildegund Fischle-Carl. – 1. Aufl., (1.–8. Tsd.).
– Stuttgart, Berlin: Kreuz Verlag, 1979.
ISBN 3-7831-0589-7

1. Auflage (1.–8. Tausend)

Gestaltung: Hans Hug
Foto: Werner H. Müller
Gesamtherstellung: Ernst Kieser GmbH, Augsburg
ISBN 3 7831 0589 7

Inhalt

Zu diesem Buch

Wer sich vollkommen glaubt oder wer mit sich so zufrieden ist, daß er sich nicht mehr verändern, wandeln, weiterentwickeln und im Miteinander reifen will, sollte auf eine Partnerschaft verzichten, denn mit dieser Grundeinstellung ist er dazu nicht in der Lage. Menschen, die nie oder nur mit Schwierigkeit und Mühe Fehler zugeben können, sind für Partner und Kinder in ihrem vermeintlichen Vollkommenheitsstreben unerträglich. Handelt es sich dabei um intelligente oder wortgewandte Menschen, entwinden sie sich allen Situationen, die ihnen ihre Fehlhaltung bewußt werden lassen könnten. Wer ein schwaches Selbstgefühl hat – das durchaus mit Erfolg verdeckt und auch ganz unbewußt bleiben kann –, wehrt häufig Kritik ab und betrachtet diese als Schulmeisterei des Partners. Die Abwehr und Empörung gegenüber kritischen Äußerungen geschieht dann unter dem Motto: »Ich muß mich doch von dir nicht erziehen lassen.« Die Wirklichkeit zeigt, daß nur wenige Menschen zur sachlichen Auseinandersetzung mit sich selbst fähig und lernwillig sind. Dies mag auf die Art der Erziehungsmethoden in Elternhaus und Schule zurückzuführen sein, die uns von der Kindheit her noch belasten. Kritik war dann eben immer nur abwertend und destruktiv. Wenn Eltern unantastbar waren und bei Kindern und Jugendlichen eine vorgebrachte Elternkritik als Ungezogenheit, Frechheit oder gar Undankbarkeit deklariert wurde, ist der Weg zum freien, offenen und kritischen Gespräch weit. Erhoffen sich doch solche Menschen, nun als Erwachsene endlich auch in den Genuß der Unantastbarkeit zu gelangen, endlich aus der Kinderrolle herauszukommen, in der man ewig von andern gegängelt und »erzogen« wurde, ohne sich wehren und rechtfertigen zu dürfen.

Wie wir uns gegenseitig dabei helfen, durch die Partnerschaft in Bewegung zu kommen, an unsere Probleme zu geraten und – schlicht und einfach – reifer zu werden, ist die entscheidende Frage im mitmenschlichen Zusammenleben. Allgemeingültige Regeln und Grundrezepte gibt es im Bereich menschlichen Verhaltens nicht, weil das gleiche Phänomen von ganz verschiedenartigen Motivationen bestimmt sein kann und darum der Weg einer Problemlösung entsprechend unterschiedlich sein muß. Wir können jedoch feststellen, daß das Umschweigen und Umgehen von Auseinandersetzungen für beide Betroffenen auf die Dauer destruktiv ist. Der erduldende und schonende Partner wird überfordert und treibt über die Jahre hin in unvorhersehbare Schwierigkeiten, denen sich beide – wenn auch erst sehr viel später – eines Tages stellen müssen. Der Geschonte ist dabei immer mitbeteiligter Leidtragender. Aus den Eheberatungen und aus Krankengeschichten könnten unzählige solcher Spätfolgen nicht angegangener Probleme in Ehen und Partnerschaften berichtet werden. Auch die Tatsache, daß viele Paare im Alter recht lieblos und oft verborgen oder offen aggressiv und in bitterem Enttäuschtsein nebeneinanderher leben, hängt häufig damit zusammen, daß unbewußt verspätete Rache geübt wird, daß die innere Enttäuschung nicht mehr abgewehrt und verborgen werden kann.

Oft wird hinter dem allzu süßlichen und wirklichkeitsfremden Idol des trauten oder auch behäbigen Glücks die herbe Notwendigkeit und die wichtige Funktion der gegenseitigen Reibung abgelehnt und aus Angst vor destruktivem Dauerzwist abgewehrt. Wenn über Jahre hin sich mehr Zwist, Empfindlichkeit und Streit ohne das Ergebnis von Erkenntnissen abzeichnen, sollte man sich an einen erfahrenen Tiefenpsychologen wenden, um dahinterzukommen, wo die tieferen Wurzeln liegen, die uns an Gemeinsamkeit und Konstruktivem hemmen. Es gibt jedoch einige Fragen, die wir uns selbst stellen müssen: Freut es mich, am andern zu nörgeln und ihm Unzulänglichkeiten nahezubringen? Zunächst neigt jeder dazu, dies zu verneinen. Sowie wir jedoch zu einem konkreten Beispiel übergehen, wird die Antwort schon sehr viel weniger eindeutig ausfallen. Wenn meine Frau am Auto den Kotflügel beschädigt hat – wie verhalte ich mich dann? Bei Licht besehen muß doch jeder zugeben, daß sie es nicht absichtlich getan hat. Wie reagiere ich? Empfinde ich nur meinen Ärger? Steht mir mein Auto näher als mein Partner? Habe ich ein Gefühl dafür, daß ich sie verunsichere, wenn ich aus dieser Angelegenheit Wirbel entfache? Finde ich ein tröstendes, verstehendes Wort, oder habe ich gar ein klein wenig Humor, um solche banalen Ereignisse aufzufangen? Um Banales von ernsteren Zusammenhängen zu unterscheiden, um das Kleine als klein und das Bedeutsamere als bedeutsam zu erkennen, fehlt es vielen Menschen an Maßstäben. Hier ergibt sich eine kleine und doch oft sehr wirksame Hilfe, wenn wir uns die Frage stellen: »Spricht man hierüber noch in fünf Jahren?« Dann erübrigen sich viele Reaktionen mit unangepaßtem Affekt. Ein Kratzer an einem Möbelstück, eine »Delle« am Auto, Flecken da und dort bekommen dann den ihnen angemessenen Stellenwert und sind Ausdruck dafür, daß wir in einer unvollkommenen Welt leben und selbst allzu menschlich sind. Wer zu viel vom andern erwartet, auch wer zu viel von sich selbst erwartet, ist unreif und ohne Wirklichkeitssinn. Die Ordnungsfanatiker, die moralisch-pharisäischen Übertreiber leiden unter Zwängen, die ihnen nicht gestatten, dem Leben in natürlicher Gelöstheit zu begegnen.

Aber auch die Unangepaßten, die für den andern keine Einfühlung aufbringen und bei sich selbst alles richtig finden, können eine Lebenslast sein. »Warum soll ich nicht meine Fußnägel im Wohnzimmer schneiden, wenn mir dies bequem ist? Was ist eigentlich Schlimmes daran, wenn du meine Socken aufhebst und in den Schmutzwäsche-Sack gibst?« Wer nicht fühlen kann, wird schnell unsozial und findet sich dabei noch im Recht.

Immer nur auf den andern einzugehen, sich anzupassen und sich den Wünschen des andern unterzuordnen, kann darum oft bedeuten, sich selbst zu vergewaltigen und sich selbst in die Fehlhaltungen des andern hineinzuzwängen. Wenige Menschen haben ihr Maß in sich selbst. Der Mensch als soziales Wesen ist auf den sozialen Kontakt und die damit verbundenen Regulierungen angewiesen. Wir dürfen in dieser Funktion nicht versagen, auch wenn dies zuweilen Unannehmlichkeiten oder gar mehr Belastungen beschert.

Wer erst einmal begonnen hat, über das Zusammenleben mit seinem Partner nachzudenken, wird sich nicht nur über den andern, sondern auch über sich selbst Gedanken machen. Dabei wird er sich auch über sich selbst wundern, wenn er erst zu sehen und zu hören lernt. Er wird über sich selbst mit seinem

Partner auch kritisch sprechen lernen und wird wissen wollen, was der andere über ihn zu sagen hat. Aus dieser Haltung heraus läßt sich dann auch eine Basis finden, dem Du das nahezubringen, was man sagen möchte, ohne zu verletzen. Dann finden sich auch die richtigen Wege zum Wann und Wie. Erwarten wir nicht zu viel von ersten Konfrontationen, erschrecken wir nicht über die Abwehr des andern. Im Miteinandersein brauchen wir Zeit und Geduld, was nicht heißen soll, daß wir Jahre zubringen und uns aufopfern sollen bei einem Menschen, der sich jeder Entwicklung widersetzt. Lernen wir die Hintergründe des Fehlverhaltens unseres Partners zu verstehen, um bessere Hilfe leisten zu können! Dies bedeutet aber nicht, alles hinzunehmen und zu ertragen. Im Miteinander leben heißt nicht, daß einer den Psychologen spielt, vielmehr daß *beide* ihre Schwächen aufdecken und angehen. Auch der Stärkere, der Gewitztere, der Tüchtigere, der Gewandtere hat seine – wenn auch oft verborgenen – Schwierigkeiten, die er über seinen Partner sehen lernen kann, wenn er nur will.

Weiß ich,
wie ich mich verhalte?

Mißverständnisse

Viele Menschen leben in solchem Maße unbewußt und undifferenziert, daß sie von ihrem eigenen Zumutesein, von ihrem inneren Befinden nichts wissen. Wer in solcher Weise dahindämmert, weiß weder von sich selbst und seinem Verhalten und Reagieren etwas noch von dem, was er von sich auf andere entlädt und wie er wirkt. In einer Eheberatung war ein Mann darüber empört, daß seine Frau behauptete, er sei abends, wenn er von der Arbeit nach Hause komme, stets verärgert, gereizt und wirke beleidigt. Er fand sich selbst ganz normal. Die sachlichen Schilderungen seiner Verhaltensweisen von seiten seiner Partnerin ließen aber darauf schließen, daß er sich nicht so verhielt, wie er sich selbst sah, vielmehr für die ganze Familie eine Bedrückung war, wenn er nach Hause kam. Schließlich stellte sich heraus, wie sehr dieser Mann von seinem Berufstag belastet war, in welch großem Maße er mit Kollegen und Vorgesetzten Probleme erlebte, die ihn nachhaltig bewegten. Vermutlich hatte er auch andern gegenüber oft ein solch unbewußtes Verhalten und fühlte nicht, wo er sich im Zusammenleben ungeschickt und für die andern abstoßend verhielt. Er wußte auch nicht, wie empfindlich er war, daß er die mürrische, durch Schweigen und Nörgeln geprägte Art seines Vaters angenommen hatte, die nur in Form von kritischen, fast schulmeisterlichen Äußerungen kommunizieren konnte. Seit über einem Jahr hatte es immer erneut Streit gegeben, wenn sie fragte: »Bist du wieder beleidigt? Wer hat dir was getan?« und er nun Grund zum Ärger zu haben glaubte und sagte: »Ich bin überhaupt nicht beleidigt, ich muß mir nur einiges überlegen, und ihr versteht mich überhaupt nicht!«

Beide mußten erst lernen, sich einander mitzuteilen. Er vermochte lange nicht einzusehen, in welch bedrückender Art er auf die andern wirkte und wie er sich verhielt, nämlich tatsächlich so, als hätten sie ihn gekränkt und wären ihm gegenüber feindlich eingestellt. Es war für ihn ein mühsames Lernen, abends zu sagen: »Ich bin nur müde und abgekämpft und muß mir noch einiges durch den Kopf gehen lassen. Ich habe gar nichts gegen euch.« Sie konnte mit der Zeit begreifen, was an kindlichem Verhalten, an hilfloser Ungeschicklichkeit in diesem Menschen unverarbeitet war. Diese Frau kam dann nicht mehr mit Vorwürfen, sondern fragte abends an schwierigen Tagen: »Hast du dich plagen und ärgern müssen? Was war denn los? Erzähl doch mal...« Und sie lernte mit der Zeit auch zuzuhören.

Weder er noch sie hatten Einfühlung in den andern. Jeder war nur bei der auftauchenden schwierigen Situation enttäuscht und völlig hilflos. Keinem von beiden war eingefallen, es einmal anders zu versuchen, zum Beispiel einfach offen sich mitzuteilen, seine Gefühle in der Sache auszudrücken, ohne den andern dabei zu attackieren und ihm mit Vorwürfen zu kommen, sondern aus dem fühlbaren Bedürfnis heraus, darüber zu sprechen, daß man eine Lösung sucht.

Sie hätte es versuchen können mit den Worten: »Ich bin so traurig darüber, daß du abends oft so still und ablehnend bist und ich gar nicht weiß, was dich bedrückt. Erzähle mir doch mehr von deinem Ärger im Geschäft oder was es sonst ist, sonst meinen die Kinder und ich immer, du bist mit uns böse, weil irgend etwas im Haus nicht so in Ordnung war, wie du es möchtest.« Er hätte ganz einfach versuchen können, die Ursachen für seine inneren Spannungen zu erzählen. Sofern dies solch kontaktgestörten Menschen nicht möglich ist, sollten sie wenigstens andeuten, daß sie nur ein wenig Ruhe brauchen. Wer jedoch nicht gelernt hat, Lösungen zu suchen,wer ohne Bewußtwerden solcher störenden und das Zusammenleben schwer belastenden Abläufe diese stereotyp wiederholt, verschleißt sich und die andern, mit denen er zusammenlebt.

Mut zum Dazulernen

Sofern wir nicht in der Lage sind, die Erfolglosigkeit oder gar negative Wirkung eines Verhaltens zu bemerken, kommen wir auch nicht zum nächsten Schritt, nämlich nach Variationsmöglichkeiten zu suchen. Wir verhalten uns in vieler Hinsicht wie jene Schwarzen, von denen Albert Schweitzer berichtete. Als eine große Dürre das Leben vieler Stämme bedrohte und die sonst gewohnten und üblichen Nahrungsmittel ausblieben, ließ Schweitzer einigen ihm bekannten Schwarzen Gewehre austeilen mit dem Hinweis, die Affen im Urwald zu schießen, von denen es viele gab und die ohne weiteres das Überleben aller gewährleistet hätten. Was aber geschah, ist erschreckend. Die mit Gewehr versehenen schwarzen Männer gingen nicht, die Affen zu schießen, vielmehr setzten sie sich zu den durch Nahrungsmangel schon apathischen und in den Kräften gelähmten anderen Stammesmitgliedern in die Hütten und hungerten mit ihnen. Manche starben mit den anderen und hatten die rettenden Gewehre neben sich liegen.

Daß es bei uns aufgeklärten Menschen der euro-amerikanischen Kultur ähnliche Kurzschlüsse gibt, da wir beim gewohnten Schema verharren und uns dadurch lethargisch in Leid und Elend, zum Teil auch in selbstzerstörerische innere und äußere Situationen treiben lassen, dessen bewußt zu werden, müssen wir uns erst noch den Mut holen. Lernfähigkeit und Flexibilität sind ganz wesentliche Merkmale der Intelligenz und entscheiden oft über unsere Art zu leben, was unter Umständen bedeutet, über Gesundheit oder Krankheit, über Sinn oder Sinnlosigkeit in unserem Dasein. Viele verharren in gewohnten Abläufen, ohne deren Ergebnisse zu erkennen und ohne auf den Gedanken zu kommen, es einmal ganz anders zu versuchen. Wer dies mutig wagt, unterliegt dann häufig dem Fehler, das neue Verhalten nicht hartnäckig und lange genug anzuwenden. Wenn nicht gleich sichtbare Ergebnisse zu verzeichnen sind, wird angenommen, es bringe auch keine Lösung. Dies gilt im Hinblick auf das Zusammenleben mit Kindern wie auch mit Erwachsenen.

Ärger bringt nicht weiter

Ein Mann ärgerte sich jeden Morgen über seine Frau, weil sie sich ungekämmt und ungepflegt zu ihm zum Frühstück setzte. Häufig genug hatte er ihr deutlich zum Ausdruck gebracht, wie lässig sie sei, wie die Nachbarin immer adrett und appetitlich auftrete, wie wenig er schmuddelige Frauen möge. In seinen negativen Äußerungen hatte er tatsächlich alle Variationen geschafft. Man kann immer wieder feststellen, daß wir im analytischen Denken geschulten Menschen, die wir heute vorwiegend auf Kritik hin im Stellungnehmen geübt sind, alle kritischen und negativen Äußerungen viel leichter produzieren und darin auch vielfältig und erschöpfend sein können. In positiven Stellungnahmen, im Ausdruck der Anerkennung und Freude verhalten wir uns sehr viel gehemmter und sind vor allem in dieser Hinsicht wenig kreativ. Zweifellos hängt dies mit unserer im Zusammenhang mit dem Überbewerten des kritischen Denkens verkümmerten Gefühlsfunktion zusammen. Negative Gefühle im Sinne subjektiver Stellungnahmen können noch lange gewagt werden, auch wenn positive Gefühlsäußerungen schon nicht mehr möglich sind.

Jener Ehemann des obigen Beispiels hat mit seinen abwertenden Äußerungen, seinen provokativen Beispielen seine Partnerin immer mehr in ihr trotzkindartiges Verhalten getrieben. Sie hatte von ihrer Kindheit her schon immer in sich das Bewußtsein, die andern seien besser, gescheiter, schöner. Häufig wird aus solcher inneren Einstellung zu sich selbst dann der Schluß gezogen: Es lohnt sich bei mir gar nicht, mich anzustrengen, mich hübsch zu machen. Man muß mich eben nehmen, wie ich bin. Als ihr Mann das Sinnlose seines ewigen Ärgers erkannt hatte und vor allem auch die Sturheit und Phantasielosigkeit seines eigenen Reagierens, lernte er noch etwas Neues dazu: Wenn er seine Frau anders haben wollte, mußte er ihr dazu verhelfen. Über den Anspruch, den Vorwurf und über die Aggression oder gar über die Drohung läßt sich häufig im Zusammenleben nichts erreichen, höchstens Scheinanpassung bei allzu massiven Attacken. Dies bewirkt jedoch nur neue, tiefergründige Widerstände, die dann auf ganz anderen Ebenen auf den Verursacher zukommen, ohne daß dieser die Zusammenhänge erkennen kann. Eine Frau, die viele Jahre lang ihres Mannes Wünsche mit solcher Scheinanpassung beantwortet hatte, erzählte mir als Begründung für ein außereheliches Verhältnis, von dem ihr Mann nie etwas erfahren hatte: »Mein Freund wollte nichts von mir. Ich durfte sein, wie ich bin. Er fand einiges an mir wunderbar, und das hatte zuvor noch nie in meinem Leben jemand zu mir gesagt. Durch dieses Verhältnis konnte ich mich plötzlich wieder als ein Mensch fühlen, der auch liebenswert ist.«

Jener Mann mit dem Ärger über seine nachlässige Frau erkannte genau dies: Echte und sinnvolle Veränderungen beim andern brauchen nicht allein Hilfe, sondern auch Zeit. Er lernte seiner Frau gegenüber sich anders zu verhalten. Während er bisher sich durch Kritik und Ärger distanzierte und die Kluft zwischen beiden sich täglich vergrößert hatte, suchte er nun den entgegengesetzten Weg, jedoch nicht nur einmal, sondern konsequent über längere Zeit. Er benützte jede Gelegenheit, ihr etwas Positives, Anerkennendes zu sagen, was er früher überhaupt nicht getan hatte. Bisher gehörte er zu denen, die der Ansicht sind: »Wenn ich nichts sage, ist ja alles gut.« Bei solcher Anspruchshaltung und solchem Mangel an Teilnahme am andern gedeiht jedoch eine Beziehung nicht. Wer in solchem Kargsein lebt, wer den andern hungern läßt nach all dem, was wir alle nötig brauchen an bestätigendem Kontakt, ist selbst armselig und menschlich klein, auch dann, wenn er sonst, sei es durch sein Fachwissen oder seinen Beruf oder was auch immer, sich großartig fühlen zu können glaubt. Herr X. mußte darum erst bei sich selbst sehen lernen, wie wenig er am andern Menschen wahrnahm von all dem, was positiv und nicht einfach selbstverständlich war. Er war bisher blind für vieles: Nie war ihm ins Bewußtsein gekommen, wieviel ihm seine Frau im Haushalt und bei den Kindern abnahm, was eigentlich auch sein Teil gewesen wäre. Wie geduldig sie seine Wünsche respektierte, in welchem Maße sie schon allein beim Kochen und Essen sich nach ihm ausrichtete, wie wenig er selbst sich um sie kümmerte, auf sie einging, das alles wahrzunehmen mußte er erst selbst leisten. Dann erst konnte er aus ehrlichem Gefühl heraus ihr etwas Anerkennendes, Liebes sagen. In der ersten Zeit errötete sie fast, wenn ihr Mann sich so »ungewohnt menschenfreundlich« verhielt, wie sie selbst sagte. Plötzlich sah er, wie gut ihr eine neue Bluse stand, konnte zu ihrer Frisur etwas Wohlwollendes sagen, ohne dies alles als psychologischen Trick anzuwenden. Zweifellos kann man auch mit psychologischer Technik sich so verhalten, daß man lobt, Selbstgefühl stärkt und ganz allgemein mit positiven Verstärkern arbeitet. Dies ist sicher besser als die stete Negation des andern.

Viel Veränderung und große Ergebnisse erreichen wir jedoch erst dann – dies gilt für alles zwischenmenschliche Zusammenleben, für den Erwachsenen wie für Kinder und Heranwachsende –, wenn wir tatsächlich selbst sehend werden, das heißt den andern mehr wahrnehmen können. Dies bedeutet, unser eigener Lernprozeß geht dem beim andern auszulösenden Lernprozeß voraus. Eines Tages konnte Herr X. seine Frau morgens anders ansprechen. »Du hast solche hübschen Haare, und überhaupt sehe ich dich gerne an. Ich will jetzt beim Frühstück nicht mehr die Zeitung lesen.« Bald darauf kam sie morgens auch so an den Tisch, daß sie sich die Haare etwas gekämmt hatte.

Es ist ein weiter Weg, bis wir zu begreifen bereit sind, was im Grunde ganz logisch, nicht nur psycho-logisch ist: Alles Verändern beginnt in uns selbst. Wem diese Erkenntnis schwerfällt, hat die Zusammenschau und den Zusammenhang zwischen innen und außen verloren und damit auch die Verbindung zwischen sich und den andern, zwischen sich und der Welt. Der einzelne wird wieder viel bedeutsamer und ist vor jeglicher Form von Vermassung geschützt, wenn er sich dieser Bedeutung im Hinblick auf seine eigene Wirksamkeit bewußt wird. Weil Herr X. den geschilderten Weg beschritten hatte, wurde er nicht nur durch das zunehmend veränderte Verhalten seiner Frau und die damit verbundenen neuen Möglichkeiten seines Zusammenlebens mit ihr beglückt und bereichert. Darüber hinaus wurde er selbst in wesentlichen und zentralen Bereichen seiner eigenen Persönlichkeit viel differenzierter. Man könnte ganz einfach sagen, er wurde ein reicherer Mensch, der für sich selbst und für alle, die mit ihm zu tun hatten, in allen Lebenslagen Gewinn brachte.

An diesem Beispiel ist leicht abzulesen, wie selbst banalste Probleme des Alltags eben nicht Kleinigkeiten sind, weil hinter dem Banalen immer mehr steht, das sich im Verhalten gegenüber dem Kleinkram des Tages andeutet. Für die meisten ist es schwierig, die jeweils hinter den Äußerlichkeiten stehenden psychischen Zusammenhänge aufzuspüren. Tiefenpsychologische Beratung hilft hier wesentlich weiter, sofern man über das Vordergründige hinaus Partnerschaft verstehen lernen will. Bei dem Geschehen in der Ehe X. wird auch deutlich, daß später, im Falle eines weiteren negativen Verlaufs der Ehe, ein Partnerwechsel möglich geworden wäre. Ob dies bei Herrn X. das hätte auslösen und ihm das hätte bringen können, was im Durcharbeiten der vorhandenen Probleme zu erreichen war, ist fraglich. Die auftretenden Schwierigkeiten in verbindlichen Beziehungen sind meistens eine Aufforderung, das bisherige Ungenügen, die vorliegenden Mangelerscheinungen in der Partnerschaft zu suchen und erkennen zu lernen. Dies führt immer auf beiden Seiten zu den ganz persönlichen schwachen Stellen, deren wir uns meist überhaupt nicht bewußt sind. Schwierigkeiten und auftauchende Probleme werden darum zu Chancen, wenn sie gründlich aufgearbeitet werden. Das Turteltaubenglück gibt es nur vorübergehend und nur so lange, wie man verliebt ist und sich noch nicht auf dem etwas schwierigeren und mühsameren Weg befindet, der zum Lieben hinführt.

Jeder hungert nach Anerkennung

Wer im Vordergründigen bleibt ohne Lösungssuche, ohne die Bereitschaft, über neue Verhaltensweisen neue Situationen zu schaffen, ergibt sich wie die Schwarzen von Albert Schweitzer dem augenblicklichen Übel, das sich steigert und intensiviert wie ein Krebsgeschwür. Wie oft höre ich in Behandlungen oder Beratungen unter tiefer Erregung und Qual Äußerungen wie diese: »Mein Mann hat mir noch nie einen Strauß Blumen mitgebracht.« Oder: »Regelmäßig vergißt er meinen Geburtstag.« Oder: »Zu Weihnachten bekomme ich halt Geld. Es ist meinem Mann viel zu mühsam, sich eine Kleinigkeit auszudenken, die ich mag und die er dann selbst kaufen müßte.« Von Männern kann man hören: »Ich habe noch nie von meiner Frau ein anerkennendes Wort gehört.« Oder: »Meine Frau liebt es, mich vor anderen zu kritisieren.« »Noch nicht einmal hat meine Frau geäußert, ob sie gerne mit mir schläft.« Mit solchen Aussagen wäre ein Buch zu füllen. Sie lassen sich meist auf einen

Hauptnenner bringen. Dahinter steht letztlich das verletzende Erlebnis, im Zusammenleben mit dem Partner hungern zu müssen nach den kleinen Gesten, die ausdrücken, daß der andere uns wahrnimmt. Dies wird am meisten empfunden und zum Ausdruck gebracht, wenn der andere uns etwas Liebes tut oder sagt. Wir alle, die Ich-Schwachen wie die Ich-Starken, die Selbstbewußten wie die Gehemmten, die Klugen und Erfolgreichen wie auch die Unauffälligen, die Jungen wie die Älteren und Alten, Kinder, Heranwachsende, Männer und Frauen, wir alle brauchen immer wieder das Erlebnis, vom andern – und im besonderen vom Partner und denen, die uns nahestehen – angenommen zu sein, eine Anerkennung unserer Person zu erfahren, eine Aussage darüber, daß etwas liebenswert an uns ist. Viel mehr, als uns bewußt ist und als wir wahrhaben wollen, sind wir von solchem sozialen Kontakt und vom Angenommensein durch die andern – sei es auch nur in kleinen Teilbereichen – abhängig. Man sprach schon von der Bedeutung des Angenommenseins für die Entwicklung eines Kindes. Daß dies auch ein Hauptthema für uns Erwachsene ist, in welchem Ausmaß auch wir davon leben, darüber spricht man nicht. Die damit verbundene narzißtische Kränkung ist wohl noch zu groß. Wie wir Erwachsenen, jeder auf seine eigene Weise, darum werben, anzukommen, beachtet zu werden, darüber denken wir noch wenig nach. Wenn wir uns dessen und über die Bedeutung des ewigen Hungers nach Anerkennung und Ich-Stärkungs-Erlebnissen klarer sind, können wir nicht umhin, die heutige Kindergartenerziehung, die Institution Schule im Hinblick auf ihre schädigenden oder fördernden Möglichkeiten neu zu untersuchen.

»Ich kann doch meinen Mann nicht wie ein Kind loben«, meinte eine Frau, die nicht bemerkte, daß ihr Partner sich allzuviel Bestätigung im Beruf holte und darum in seinem Selbstwertgefühl viel zu abhängig wurde vom äußeren Erfolg und gesellschaftlichem Prestige. Sie bemerkte nicht, wie sehr er im ganz privaten Bereich Wärme und psychische Pflege nötig hatte, um Ausgleich zu finden für seine ehrgeizigen Berufsanstrengungen. Diese Frau wollte in ihrem Mann den starken, erfolgreichen Mann sehen, der wie ihr Vater im öffentlichen Leben eine gewisse Beachtung erfuhr. Aus ihrem eigenen Bedürfnis heraus konnte sie den andern nicht in seinen Bedürfnissen wahrnehmen. Sie sah nicht, wo dieser Mann ihrer Hilfe bedurfte, ihre Bestätigung und Anerkennung notwendig brauchte, um vor dem ewigen ehrgeizigen Vorwärtsstreben bewahrt zu werden. Er hatte von diesen Übertreibungen schon nervöse Kopfschmerzen, Schlafstörungen und eine allgemeine Anfälligkeit für Erkältungen. Wenn er dann krank im Bett lag, konnte sie etwas mütterlicher zu ihm sein. Sonst war er für sie eine Erfolgsautorität, die bewundert wurde. Die innere Wärme des Liebhabens fehlte dieser Beziehung. Sie konnte lange nicht den anderen, verborgenen Teil dieser Persönlichkeit sehen, die von ihr etwas ganz anderes brauchte als Antrieb zum Erfolg und Bewunderung aus der Kinderperspektive, nämlich die Anerkennung als Mensch, der etwas Liebenswertes für sie hat, dem sie gut ist *ohne* sein großes Gehalt und ohne sein Ansehen bei den andern. Bei ihr wollte er das zeigen dürfen und von ihr angenommen wissen, was in ihm weniger großartig und männlich stark war, sondern empfindsam, zart, zuweilen auch schwach und des andern bedürftig. Weil er bei sich selbst gerade diese Seite seines Mannseins nicht richtig annehmen und verarbeiten konnte, benötigte er hier die Hilfe und das Verstehen der Partnerin. Er hatte allzu gut gelernt, diesen Teil seiner Persönlichkeit tagsüber zu verdecken und zu kompensieren mit Erfolgsgehabe. Daß gerade die sehr sicher und als starke Persönlichkeiten auftretenden Menschen in sich selbst auch ihren liebeshungrigen, der Anerkennung bedürftigen Bereich haben, wird allzu leicht übersehen. »Meine Freundin nimmt mich als dummen Jungen.« – »Bei meiner Frau muß ich immer ein ›toller Mann‹ sein.«

Es ist darum von weitreichender Bedeutung, ob wir um dieses grundsätzliche Anliegen in uns allen wissen, daß wir jenseits von Leistung und Erfolg im ganz persönlichen Bereich, ohne erst etwas zu beweisen und leisten zu müssen, von unserem Partner ganz schlicht als Mensch angenommen sein wollen. Darum hungern wir nach all dem, was uns dies zum Ausdruck bringt: nach jenen Zärtlichkeiten und den kleinen Gesten, die ausdrücken: »Ich bin dir gut.« Der gefühlsscheue Erwachsene, dem es nicht vergönnt war, mit Zärtlichkeit und seelischen Näheerlebnissen aufzuwachsen, muß hier oft einen Lernprozeß durchlaufen, bis er seine Angst vor Gefühlen und die damit verbundenen Hemmungen überwinden kann. Viele Liebende beginnen darum ganz von vorn, indem sie zunächst sind wie die Kinder, ja sogar bis in die Kindersprache oder in die Kinderbilder zurückkehren: »Ich bin dein kleiner Bär.« Dies ist keineswegs lächerlich oder als sentimental abzutun. Wer darüber spöttelt und lacht, dem fehlt die differenzierte emotionale Wahrnehmung für Zusammenhänge, von denen er nichts versteht und nichts gelernt hat. Wir müssen auch endlich aus klarem Wissen heraus aufhören, das schlichte und kindhaft anmutende Gefühl immer als sentimental abzuwerten. Sentimentalität ist eine Vorstufe des erwachsenen und ausgereiften Gefühls. Sie ist immerhin ein Zeichen von emotionaler Ansprechbarkeit. Wer sentimental sein kann, ist darum immer denen erheblich voraus, die keine Gefühle entwickeln können und die wir als Gefühlskrüppel bezeichnen müssen. Man kann nur unendlich froh darüber sein, daß die seelischen Mißbildungen, Verkümmerungen und Hypertrophien im Sinne von geschwulstartigen Wucherungen nicht sichtbar sind. Man könnte sonst die Gegenwart mancher Menschen kaum ertragen.

Die Rache der Trotzkinder

Merkwürdig ist das Verhalten derer, die sich enttäuscht, gekränkt, vernachlässigt fühlen und sich in die Schmollecke stellen, ein Verhalten, das bei gekränkten und verstörten Kindern zu beobachten ist. Dort warten sie auf ein Wunder, das heißt auf jemanden, der sie erlösen soll. Daß sie selbst dazu etwas beitragen müssen, auf diese Idee kommen sie nicht, ebensowenig wie die Schwarzen, die trotz Hungersnot nicht auf die Jagd gehen, weil sie dies nicht gewohnt sind und ihnen die Übung hierzu fehlt. »Noch nie hat mein Mann gefragt, ob ich etwas für mich brauche, ob ich einen Wunsch habe. Er sagt stets: ›Wir‹ kaufen uns einen Filmapparat – und erfüllt sich auf diese Weise alle seine eigenen Wünsche. Auf den Gedanken, daß ich auch einen Wunsch haben könnte, kommt er schon gar nicht. So ist das schon seit zwanzig Jahren, und ich habe mir das Wünsche-Haben so sehr abgewöhnt, daß ich gar nicht mehr wüßte, was ich haben wollte, wenn ich mal wünschen dürfte.« Oder: »Seit fünfzehn Jahren ist meine Frau mürrisch, wenn ich das verdiente Geld nach Hause bringe. Immer zeigt sie mir deutlich, daß sie damit unzufrieden ist und andere Männer mehr verdienen. Dabei verdienen nicht alle soviel wie ich, aber es reicht nie.« Wenn man solche Menschen in ihrem Gequältsein erlebt und sieht, wie tief ihr Schmerz reicht, kommt ganz von selbst die Frage, was der Partner dazu äußert, wenn er darauf angesprochen wird. Es ist für einen normal empfindenden Menschen dann kaum zu fassen, daß in all den Jahren mit dem die Kränkung auslösenden Partner nie ernsthaft und ausführlich und schon gar nicht mit der notwendigen Hartnäckigkeit, die bei manchen Menschen notwendig ist, gesprochen und das schwierige Problem angegangen wurde. Und als Reaktion hört man dann: »Wenn er das selbst nicht merkt...« Immer wieder werde ich in solchen Zusammenhängen an jene Dame erinnert, die unter Tränen sagte: »Wenn ich meinem Mann erst beibringen muß, daß ich auch einmal ein kleines Geschenk haben möchte, dann will ich keines.« Diese Trotzkind-Haltung ist im Grunde genauso infantil wie das Verhalten des Partners, der auf einen andern nicht liebevoll eingehen kann. Es ist insofern sehr ähnlich, als beide nur sich und ihr Bedürfnis wahrnehmen, bei sich selbst sehr sensibel und einfühlsam sind, jedoch gegenüber dem andern eine kindliche Unbekümmertheit und Mangel an Differenzierung haben. Die mit Trotzkind-Abwehr in der Schmollecke stehen, fühlen sich ihrem gefühllosen Partner gegenüber natürlich im Grunde haushoch überlegen. Das ist ihr Genuß an der Sache, die nicht ganz ohne masochistische Tendenzen ist. Daß der in seinem Gekränktsein Verharrende jedoch sich nicht nur infantil, sondern auch lieblos verhält, so weit wird nicht gedacht.

Wer immer wieder Kränkungen und Enttäuschungen vom Partner hinnimmt, ohne sich mit ihm darüber auszusprechen, ohne den Ursachen nachzugehen und dem anderen eine entsprechende Hilfestellung zu leisten, ist ganz wesentlich mit

Verursacher und Beteiligter an solch unerfreulichen Tatsachen. Solche Menschen lassen den andern immer wieder ins Messer rennen, das heißt, sie warten immer wieder die Situation ab, um festzustellen: Also wieder kein Blumenstrauß oder wieder das alte Gezeter... Es ist wie bei dem zitierten Beispiel von unseren Schwarzen. Nichts fällt ihnen ein, was zu tun ist, kein Bemühen, kein Versuch und schon gar keine Hilfestellung für den anderen, der tatsächlich hier versagt, häufig jedoch ohne es zu wissen. Obwohl Vorwürfe, aggressive und giftige Äußerungen in solchen Fällen wenig bewirken – weil sie den Defekt des andern nicht angehen und ihn nur in Abwehrstellung treiben –, ist dies sicher besser als die masochistische dulderische Art, alles in sich hineinzufressen. Die Rache solcher Menschen ist zuweilen ebenso maßlos wie ihr Gekränktsein und ihre Infantilität. Eine Patientin reagierte mit einer intensiven depressiven Störung, die sie in viele Sanatorien und zunächst in die Nervenklinik führten. Dort erhielt die Patientin dann von ihrem Mann den ersten Strauß, der ihr immer verweigert worden war. Monatelang mußte dieser Partner Haushalt und Kinder alleine versorgen, mußte viel von seinem eifrig zusammengehaltenen Geld ausgeben, um seine Frau wieder so weit zu bringen, daß sie zu Hause das Nötigste tun konnte. In einem anderen Fall hat ein Ehemann mit Gallenkoliken seiner Frau das abgerungen, was sie nie zu geben bereit war, nämlich ein wenig Umsorgung und Rücksichtnahme.

Die Erwartungsanpassung der Frauen

Wenn in dem oben erwähnten Beispiel Frau S. ihrem Mann gesagt hätte, daß er sich alle Wünsche erfülle und sie nie von ihm etwas bekomme, was ihr Freude machen würde, zum Beispiel eine schöne Tasche, einen Wochenendflug nach London oder was es auch sei, dann hätte die Abwehrreaktion sich etwa so gestaltet: »Vom Filmen haben wir doch alle etwas. Was soll schon etwas solch Unnützes wie eine Handtasche und gar ein Flug nach London. Von den Filmen bleibt etwas für lange Zeit.« Herr S. hätte eine ganze Menge anführen können, und Frau S.

wußte, daß er sie immer mit Worten überfahren würde. Sie war schon nicht mehr imstande, ihm zu sagen, daß er täglich sein Bier trinke, eine Menge rauche und auch sonst nicht bei sich knausere, daß eine Handtasche also weniger kosten würde als die Ausgaben für zwei Wochen Bier und Rauchen ausmachen. Frau S. war von klein auf gewohnt, aufzugeben, nicht zu kämpfen, Anpassung zu leisten, sich in dem Gefühl zu trösten, daß edle Menschen eben unter den Gröberen zu leiden haben. Dadurch war es ihrem Partner allzu leicht gemacht, sein egozentrisches Fehlverhalten zu kultivieren. Sie war an seinem Verhalten mit schuldig geworden und auch daran, daß ihre Kinder sich zum Teil wie der Vater verhielten und eines von ihnen ihre, der Mutter, Fehlhaltung des masochistischen, kindischen und wehrlosen Leidens übernahm. Was in den ersten Jahren der Partnerschaft leicht gelingt bei konsequentem Arbeiten an solchen Fehlhaltungen des Partners, wurde nach zwanzig Jahren zu einem äußert schwierigen und viele Kräfte beanspruchenden Prozeß, der von beiden großen Einsatz verlangte.

Man wundert sich oft darüber, wie nach langjähriger scheinbar guter Ehe sich oft Schwierigkeiten einstellen und der älter werdende Mensch sich zuweilen dann so verhält, wie man es von ihm nicht gewohnt ist. Dies kann man speziell in solchen Ehen beobachten, in denen einer von beiden sich allzu lange und allzu häufig zuviel Anpassung zugemutet hat. Der dadurch über Jahre hin angesammelte Stau von ursprünglichen und eigenen Reaktionen führt dann im Alter zuweilen zu einem Durchbruch verborgener Aggressionen. Die Kinder solcher Eltern meinen dann, daß die nicht mehr vorhandene Sexualität nun zu solchem Mangel an sichtbarer Zuneigung und gegenseitiger Freundlichkeit geführt habe. In Wirklichkeit stehen dahinter jedoch ganz andere Motive. Eine solche Frau erzählte einmal mit tiefem Aufseufzen: »Fünfzig Jahre alt mußte ich erst werden, bis ich lernte, daß ich meinen eigenen Bedürfnissen leben konnte. Immer habe ich geglaubt, es allen andern, vor allem aber meinem Mann recht machen zu müssen, mich ihm und seinen Wünschen anzupassen; von klein auf war ich darauf dressiert.« Sie hatte dies als weibliches Rollenverhalten bei ihrer Mutter aufgenommen.

In unserer männlich geprägten euro-amerikanischen Kultur haben es Frauen tatsächlich viel schwerer, ihre Identität zu finden. Es fehlen ihnen nicht nur die positiven Selbstwert vermittelnden Mutter- und Frauen-Leitbilder zur Identifikation in der Kindheit und Jugend, darüber hinaus ist in den meisten Frauen die seit Jahrtausenden anerzogene Prägung patriarchaler Kulturen wirksam. Freud kam darum zu der naiven Vorstellung, Frauen seien angeborenerweise durch masochistische Neigungen geprägt. Dieser kluge und kreative Mann war im Hinblick auf die Geschlechterrollen von seiner Generation geprägt und so sehr daran fixiert, daß dies seine wissenschaftlichen Arbeiten in manche Sackgasse führte. Männer haben es im allgemeinen in unserem Kulturkreis leichter, sich mit ihrer Geschlechtsrolle zu identifizieren. Sie fühlen sich nicht so sehr dazu verpflichtet, sich den Erwartungen ihrer Partnerinnen anzupassen, während die Frauen allzu schnell bereit sind, Erwartungsanpassung zu leisten. Viele vermuten oft Ansprüche und Erwartungen beim Partner, die nicht vorhanden sind. Es muß darum abgeklärt werden, ob der andere wirklich das verlangt, was ich mir vorstelle. Oft höre ich Berichte folgender Art: Sie möchte gerne einen Film im Kino ansehen, fragt ihn, ob er mitkommt. Im Grunde erwartet sie, daß er mitkommt und ihren Wunsch zu seinem eigenen macht, weil sie selbst sich in vielen Dingen so verhalten hat. Er möchte jedoch an seinem Buch weiterlesen oder Briefmarken einkleben, was man zweifellos auch zu anderer Zeit fortsetzen könnte. Sie findet es aus ihrer früher allzu oft praktizierten Anpassung heraus lieblos, daß er sie nicht zu dieser Filmvorstellung begleitet, aus der sie spät in der Nacht nach Hause fahren muß. Er hat keine Ahnung davon, was die Frau fühlt, weil er von sich selbst ausgeht und annimmt, daß seine Partnerin wie er das tut, was ihr richtig erscheint, und keine Hemmungen hat, auch abzulehnen, wenn ihr etwas nicht genehm ist. Viele Frauen erleben solche Kleinigkeiten als Frustration und Lieblosigkeit, weil sie selbst allzu rasch geneigt sind, sich ihrerseits den Wünschen des andern anzupassen, weil sie sehr flexibel sind und auf den andern stets eingehen. Zum andern sind viele Frauen aus der Jahrtausende alten Prägung des Rollenverhaltens als Frau zuweilen so wenig selbständig, daß sie für sich selbst und ihre eigenen Wünsche und Bedürfnisse nicht die Energie und Aktivität, nicht die Lösungssuche aufbringen, die sie leisten, wenn es darum geht, des *andern* Anliegen zu erfüllen. Viele Frauen bleiben dann zu Hause, wenn ihr Partner nicht dahin mitgeht, wohin sie gerne gegangen wären. Sie sammeln ihre kleinen Kränkungen, verschlucken ihren Ärger, können sich dem Partner nicht mitteilen und erklären. Vor allem aber erkennen sie nicht ihr eigenes Fehlverhalten, daß sie nämlich nicht imstande und nicht genug erwachsen und selbständig sind, alleine zu gehen oder eine Bekannte anzurufen oder gar mehrere, wenn man schon eine Begleitung haben möchte und nicht gerne alleine geht. Verzicht zu leisten, eigene Wünsche und Bedürfnisse zu unterdrücken, sich zu ärgern und lieblos behandelt zu fühlen, benötigen dasselbe Maß an Energie wie die Lösungssuche, die meist unterlassen wird.

Wie das Unbehagen entsteht

Viele Menschen haben von klein auf nicht gelernt, was es bedeutet, Energie zu aktivieren, um Lösungen zu suchen. Dabei gibt es immer viele Möglichkeiten, nicht nur eine. Auch hier zeigt es sich, daß bei Fehlverhalten alles aussetzt, was zur Lebensbewältigung gehört: Phantasie, auf Ziele gerichtete Energie, die sich nicht ohne ernsten Grund irritieren läßt, Mut zur selbständigen Aktion. Bei ganz sachlicher Betrachtung unseres kleinen Beispiels müssen wir feststellen: Warum soll dieser Mann seine Frau ins Kino begleiten, wenn er dazu nun gar keine Lust und an dem Film kein Interesse hat? Seine Frau ist alt genug, um ihre Wünsche selbst zu verwirklichen, und braucht dazu keine Verwirklichungshilfe. Wenn der Partner begreift, daß der andere ihn als erwachsen nimmt und sich selbst auch gestattet, was er für sich für richtig hält, nämlich zu seinen eigenen, berechtigten Wünschen zu stehen, dann kann man davon viel lernen. Sofern ich selbständig genug bin, um meine Wünsche zu erfüllen, erleide ich keine unnötigen Frustrationen und muß daraus entstehende Aggressionen oder depressive Reaktionen nicht aufarbeiten. Wenn mein Partner es ganz natürlich findet, mir etwas abzuschlagen, sollte ich lernen, das auch meinerseits sinnvoll anzuwenden. Die Frau unseres Beispiels lernte dann, daß sie sich nicht mehr gezwungen fühlte, ihrem Mann zuliebe zum Kegeln mitzugehen, das ihr überhaupt keinen Spaß machte, zumal sie diesen Kreis auch nicht schätzte. Sie konnte in den Ferien schwimmen gehen, was sie sehr liebte, während ihr Mann einen Berg bestieg,was ihr eine allzu große Anstrengung war, die sie aber früher stillschweigend auf sich genommen hatte, »ihrem Mann zuliebe«, wie sie meinte. Es war jedoch ihre Ich-Schwäche, die sich allzu viel zumutete, um den andern zu umwerben und um die falsch verstandene Partnerrolle zu erfüllen. Daß solche Verdrängungen eigener Wünsche und die Überforderungen der Anpassungsleistungen sich auf die Zweierbeziehung sehr negativ auswirken, wenn auch nicht immer sofort, muß noch mehr in das allgemeine Bewußtsein treten.

Jene Frau M. in unserem Beispiel geriet über die Kindererziehung mit ihrem Mann in große Schwierigkeiten. Hier zeigten sich die in den ersten Ehejahren angesammelten Spannungen, die verdrängt worden waren. Sobald ihr Mann einem Kind etwas wehrte, etwas forderte, stellte sich seine Frau gegen ihn und wie ein beschützender Engel vor ihre Kinder. Dies führte im Laufe der Zeit zu solchen Ärgernissen zwischen beiden, daß die Ehe gefährdet war. Frau M. agierte über ihre Kinder ihre unbewußte Reaktion. Alles, was sie selbst als Lieblosigkeit und Egoismus ihres Mannes deklariert hatte, ihre eigene Unterlegenheit, weil sie sich nicht im eigenen Bedürfnis durchzusetzen vermochte, all dies spielte sich nun in geballter Weise ab und stemmte sich gegen ihn, wenn es um ihre Kinder ging, die ihr den Mut gaben, wie eine Katze zu fauchen, sobald man in die Nähe ihrer Jungen kam. Alles lief blind und unbewußt und fern der tatsächlichen Geschehnisse. Herr M. war kein solcher Egoist, wie er von ihr empfunden wurde. Sie hatte ihn in ihrer Überangepaßtheit zunehmend dazu verführt, immer mehr auf seine eigenen Wünsche einzugehen. Nie hatte sie sich verselbständigt und auch nie mit ihm über das gesprochen, was sie empfand. Sie hatte selbst nie über ihre Verhaltensweise nachgedacht und alles aus dem alten, vorgeprägten Rollenschema heraus, wie sie es zu Hause und in ihrer Umwelt erlebt hatte, gesehen und beantwortet.

Egozentrik und zu wenig Bereitschaft zum Partnersein tritt erst dann auf, wenn Herr M. *nie* und in nichts seiner Frau zuliebe etwas zu tun bereit ist, also immer nur sich und seine Ansprüche durchsetzt auch da, wo ein Miteinander angebracht ist. Wenn es überhaupt keine Übereinstimmung und Gemeinsamkeiten gibt, wenn ein Partner gar kein Bedürfnis entwickelt, etwas mit dem andern zusammen zu erleben, für ihn auch da zu sein, mit ihm etwas zu besprechen, Gemeinsames zu unternehmen, sind Partnerschaft und Ehe in Frage gestellt. Wer mit einem solchen Menschen der Selbstisolierung zusammenlebt, muß ganz geringe Kontaktbedürfnisse haben und viel Selbständigkeit entwickeln, den eigenen Weg zu gehen, da er sonst unweigerlich meist sinnloses und unabänderliches Leiden erleben muß im Sinne von Mangelerscheinungen. Zuweilen helfen jedoch Hilfen von außen, zum Beispiel Beratungen durch qualifizierte Fachleute; jedoch sind manche Eheberater hierfür nicht ausreichend ausgebildet.

Am Beispiel der Eheleute M. sehen wir, wieviel Selbständigkeit realisiert sein muß, um in ganz natürlicher Weise sich selbst nicht aufzugeben, ohne dabei in Egoismus und Rücksichtslosigkeit zu verfallen. Es zeigt aber auch, wie schnell man den andern dazu verführt, in genau das Rollenverhalten einzutreten, das man befürchtet und das uns kränkt, was jedoch durch unser eigenes fixiertes Rollenspiel im andern zunehmend provoziert wird. Der Mangel an Mitteilung der eigenen Gefühle, die Unfähigkeit, auf seine eigenen Reaktionen zu achten und auf das in einem selbst allzu häufig verdrängte Unbehagen, all dies führt zu jenen kleinen oder mit der Zeit angesammelten größeren Spannungen, die das Zusammenleben oft unerträglich werden lassen. Frau M. ist also nicht ins Kino gegangen, hatte keine eigene Lösung zuwege gebracht. Sie war bei ihrem lesenden Mann zu Hause geblieben, aber verärgert, frustriert. Seinen Wunsch, mit ihr zu schlafen, hatte sie dann abgelehnt. Sie las im Bett noch mit der Nachttischlampe, als er schlafen wollte. Morgens beim Frühstück sprach sie nicht viel und rauchte seit ihrem Ärgernis die doppelte Portion bis zum nächsten Abend. Weder er noch sie waren sich bewußt, was eigentlich abgelaufen war. Am nächsten Abend fand er seine Frau launisch und zog sich zurück, weil er nie gelernt hatte, wie man auf den andern eingeht, um ihm Hilfestellung zu bieten, wenn er mit sich selbst nicht zurechtkommt. Nachdem Herr M. sich abends wieder zu seinem Buch zurückgezogen hatte, war sie nun darin bestätigt, daß sie eine falsche Wahl getroffen hatte, weil er nur seinen Interessen nachging und sie nicht als Person berücksichtigte.

Um solch destruktiven Abläufen und solcher Blindheit uns selbst und dem andern gegenüber vorzubeugen, müssen wir sehender und bewußter werden. Dabei möchte ich gleich hinzufügen: Mit psychologischen Kenntnissen kann unendlich viel Mißbrauch getrieben werden, was auch landauf und landab geschieht. Das Beispiel M., das ich in einem Vortrag einmal skizziert habe, wurde von einem Ehemann so ausgelegt, daß er dies als Bestätigung dafür ansah, sich abends weder um seine Kinder noch um seine Frau kümmern zu müssen. Immer wenn er seine Bequemlichkeiten und Daueransprüche einmal für eine Stunde hätte zurückstellen sollen, kam er mit dem Argument, daß er sich keine unnötigen Spannungen und Ärgernisse schaffen wolle, die dann doch das Gesamtgefüge belasten würden. Bei solchen Gestörten wird jegliche psychologische Erkenntnis nur dann auf sie selbst angewandt, wenn es ihre Eigentümlichkeiten und meist Infantilismen unterstützt. Ansonsten ist es bei solchen Menschen üblich, daß nicht bei sich selbst, sondern beim andern psychologisiert wird. Da geht es auch leichter.

Die Umwelt prägt uns

Im Gespräch über das Thema Anpassung und Selbstverwirklichung in der Partnerschaft kommt ganz berechtigt der Einwand: Wenn keiner auf den andern einzugehen bereit ist, gibt es keine Partnerschaft. Das stimmt ganz und gar. Es ist jedoch auch keine partnerschaftliche Beziehung, wenn immer nur einer von beiden auf den andern zukommt und dessen Wünsche berücksichtigt. Es muß vielmehr noch einmal betont werden, daß Selbstverwirklichung nicht davon abhängt, ungehemmt eigenen Wünschen und Bedürfnissen nachjagen zu können. Das würde zu einer ganz einseitigen, eingeschränkten Persönlichkeitsentwicklung führen, die auch bei persönlichem Wohlbehagen kein objektiv erfreuliches Ergebnis darstellt. Wer es nicht weiß und erlebt hat, was Notzeiten und schwierige Situationen, was das Durchstehen von Problemen im Miteinander dem einzelnen als Gewinn bringt, weiß nicht, was er versäumt in seinem heiter dahinplätschernden Dasein, das sich allen Gewittern und Stürmen entzieht. Wer sich dem andern echt zuwendet, aber nun ohne die »Opferhaltung«, begeht damit nicht einen karitativen Akt der Nächstenliebe, vielmehr ist es immer Gewinn für ihn selbst, wenn dies auch selten gleich sichtbar und feststellbar ist. Sich selbst zu verleugnen oder gar aufzugeben kann in einer Partnerschaft nie als Aufgabe und Opfer im eigentlichen Sinn angesehen werden, weil es zugleich die Unmöglichkeit der Zweisamkeit bedeutet. Wer kein Ich ist, kann auch kein Du für den andern werden.

Für Menschen, die noch an den Vorstellungen von angeborenen Rollenprägungen und entsprechenden angeborenen Verhaltensweisen innerlich festhalten, soll hier noch kurz auf die außerordentlich interessanten ethnologischen Arbeiten von Margret Mead hingewiesen werden. Sie hat Kulturen erforscht, bei denen die Frauen die Rolle spielen, die bei uns die Männer haben. Bei den Tschambuli sind die Frauen die Stärkeren, sie erledigen die Geschäfte, treffen die Entscheidungen, verstehen sich sehr gut in der Gruppenzusammenarbeit. Die kleinen Mädchen sind schon ebenso klug und tüchtig wie ihre Mütter, und nicht die Jungen sind die Lebhafteren und Gewitzteren, wie dies speziell bei männlich geprägten primitiven Kulturen deutlich zu beobachten ist. Gerade bei einfachen Völkern und Menschen wird besonders deutlich, was kollektives Rollenverhalten und vor allem die Rollenerwartung von klein auf an Prägung bewirkt und wie sich dies über die vielen Generationen hin verstärkt und schließlich in solcher Weise in Erscheinung tritt, als wäre dies angeboren. Sicher ist vieles angeboren, unser Rollenverhalten wird jedoch von unserer Umgebung bestimmt.

Sich aus der geschlechtsspezifischen Rollenprägung aus frühen Kulturen zu lösen ist ein Prozeß, der in unserem Jahrhundert langsam ins Bewußtsein von Mann und Frau tritt.

Wenn solche alten Prägungen ihre Notwendigkeit aus der äußeren Realität heraus verloren haben, werden sie sinnlos und damit destruktiv für den einzelnen und zugleich immer auch für das Kollektiv. Sofern sich manche Prägungen von Verhaltensweisen über die notwendige Zeit hinaus erhalten, liegt dies daran, daß die damit verbundenen Privilegien von jenen, die ihre Vorteile daraus ziehen, verteidigt und nicht aufgegeben werden, was auch ihnen selbst Schaden zufügt, weil es Weiterentwicklung behindert. Wo aber der Kampf um Privilegien nicht stattfinden kann, weil die Rollen allzusehr verfestigt sind, werden oft äußerst wertvolle und psychologisch für das Zusammenleben wichtige Gepflogenheiten und Kulthandlungen aufgegeben. Bei den Iatmul zum Beispiel gab es eine Zeremonie, in der gefeiert wurde, wenn Kinder erstmalig eine besondere Handlung vollziehen konnten, wenn sie etwa ein Tier jagen und erlegen konnten, zu flöten gelernt hatten, oder wenn Mädchen Sago-Pfannkuchen backen konnten. An dieser Zeremonie nahmen alle Erwachsenen teil. Dabei wurden die männlichen und weiblichen Rollen bei den Erwachsenen vertauscht. Die verkleideten Personen ahmten in übertriebenen Gesten weibliches oder die andern männliches Gehabe nach. Beide Seiten, die Männer wie die Frauen, agierten und karikierten die Vertreter des anderen Geschlechts mit viel Spaß und Freude.

Psychologisch gesehen vollzogen sich hier ganz wichtige Prozesse. Die Teilnahme der ganzen Gruppe bezog sich in dieser Kultur der Iatmul sogar schon auf die kleinen Entwicklungsschritte eines Kindes. Es erfuhr dadurch von klein auf, daß es als Wesen wahrgenommen, anerkannt und sogar gefeiert wurde. Wer solche Teilnahme am andern von Kindheit an erlebt, wächst ganz von selbst hin zur Wahrnehmung des andern Menschen und zur Anteilnahme an dessen Leben. Es ist kein Zweifel, daß solche kollektiven Handlungen und Verhaltensweisen alle vor Autismus und Wir-Losigkeit bewahren. Daß die Verhaltensweisen der Geschlechter gegenseitig offiziell belächelt, bespöttelt und agiert werden dürfen, läßt uns Weisheit ahnen, die in der Welt immer schon unabhängig von Detail- und Fachwissen auftrat.

Es gibt mehrere Reaktionsmöglichkeiten

Während früher durch kulturell geprägte Handlungen in Form von Zeremonien vieles reguliert wurde, was dem Menschen psychologische Hilfen brachte, hat der moderne Mensch, der aus seinen kollektiven Bindungen und aus kultischen Erlebnissen herausgelöst lebt, nun sein dieser Situation entsprechendes Elend. Er wird zu nichts angehalten und gezwungen, fühlt sich frei von allem und ist sich selbst überlassen. Die Erfahrung unseres Jahrhunderts zeigt auf den verschiedenen Erdteilen und in verschiedenster Weise, wie problematisch dies ist. Viele sind dadurch nicht mehr in der Lage, das Zusammenleben im Zweisamsein wie auch in der Familie sinnvoll zu leben. Es geht nun darum, Praktiken zu entwickeln, mit denen der einzelne wie auch die kleine Gruppe die Lebensabläufe und die auftauchenden Schwierigkeiten besser bestehen können. Zweifellos machen sich heute einige Wissenschaftler und Denker in dieser Hinsicht manche Gedanken. Psychologie und Soziologie bringen Versuche von Theorien und begrifflicher Bewältigung. Die Erfahrung am Menschen zeigt jedoch eindeutig, daß abstrakte Gedankengänge nichts bewirken können im Bereich des Menschlichen. Die Psychologen und Analytiker, die Jahrzehnte darum ringen mußten und noch ringen müssen, wissenschaftlich anerkannt zu werden, sind selbst noch zu sehr in den Trend der Zeit und ihrer Generation verwickelt und können darum den notwendigen Aufgaben gegenüber dem, was dem einzelnen und dem Kollektiv nottut, noch nicht gerecht werden.

Wir wollen darum in diesem Buch an Hand von vielen Beispielen aufblitzen lassen, was an psychologischen Zusammenhängen, an unbewußtem Geschehen hinter all den vordergründigen Geschehnissen beim einzelnen steht. Wer in Abwehr lebt gegenüber psychologischen Erkenntnissen im Hinblick auf sich selbst, wird immer finden, daß es bei ihm anders ist als im

Beispiel und das hier Gesagte ihn darum nichts angeht. Man entwickelt in allen Ebenen und mit allen Graden von Intelligenz entsprechende Abwehrmechanismen. Wer jedoch ein Suchender ist, wird aus manchen aufgezeigten Einzelfällen das ablesen können, was angesprochen ist. Er wird das hinter dem konkreten Fall waltende Geschehen erfassen und dann auch psychologische Zusammenhänge in anderen Geschehensabläufen mit der Zeit aufspüren lernen, nicht nur bei den andern, sondern auch in seinem eigenen Seinsbereich, was das Entscheidende ist.

Wir wissen alle, daß es keine psychologischen Rezepte gibt, daß kein Schicksal wie das andere, kein Mensch wie der andere, keine Zweierbeziehung wie die andere ist, ebensowenig wie die Linien der Hand eines Menschen gleich sind wie die der Hand eines andern. Dennoch gibt es immer wieder feststellbare Verhaltensabläufe. Hier setzt die Psychologie an. Wir wissen heute auch, daß auf ein bestimmtes Ereignis hin Variationen der Beantwortung möglich sind, die sich wiederum verschiedenartig auswirken. Es geht darum, dem heutigen Menschen bewußt zu machen, daß es überhaupt verschiedene Reaktionsmöglichkeiten gibt, und ihm zu zeigen, durch welches Fehlverhalten er bei sich und den andern entfaltungshemmende oder gar destruktive Prozesse auslöst. Wir müssen zu erkennen lernen, daß unsere eigene Reaktion hier und jetzt von lange her angebahnt ist und zugleich die Weichen stellt für das, was später kommt. Damit löse ich ein zukünftiges Geschehen für mich und den andern zu einem gewissen Grade mit aus. Es stimmt tatsächlich, daß wir in weit höherem Maße, als wir immer wahr haben wollen, uns unser Schicksal selbst bauen. Was ein kleiner Verhaltensunterschied von heute für die Zukunft in zwei oder mehr Jahren bedeuten kann, dessen sind wir uns zu wenig bewußt. Wer Spaß daran hat, mag sich die in diesem Buch angeführten Beispiele einmal in ihrem weiteren Verlauf durchdenken unter dem Aspekt: Wie wäre es gegangen, wenn...?

Wir können immer wieder feststellen, daß der Mensch in seinem Fehlverhalten im Grunde irgendeinem Konflikt, einer Spannungen auslösenden Situation ausweichen möchte, weil das Ich sich nicht in der Lage fühlt, die damit verbundenen und notwendig werdenden psychischen Entwicklungsschritte zu integrieren. Im Grunde kann die damit ausgelöste Angst nicht ausgehalten werden, weshalb Abwehrmechanismen eingeschaltet werden. Die Psyche versucht, durch solche Balance-Akte sich Ruhe und Sicherheit zu verschaffen, was für den Augenblick auch zuweilen gelingt, jedoch nicht auf die Dauer. Der Mensch kann nicht, ohne Schaden zu erleiden, den zu seinem Dasein gehörenden Konflikten ausweichen. Da sich nicht alle Konflikte einfach lösen lassen, auch nicht für den bewußt lebenden Menschen, bedeutet die Konflikt-Annahme, sich zunächst nur seiner Angst, seinen erlebten Spannungen zu stellen. Über dies hinaus heißt bewußt leben oft auch, ein Leid und Elend klar erkennen, ohne in Abwehr- und Verdrängungsprozesse abzugleiten. Dies geht nur, wenn ich als Mensch ein solch starkes Ich entwickelt habe, wenn ich in solchem Maße bewußt leben kann, daß ich auch unabänderliches Leiden ertragen und anzunehmen vermag. Dabei muß ausdrücklich gesagt werden, daß die Vielzahl unserer Leiden angehbar und zu ändern ist. Die unabänderlichen Leiden, zum Beispiel ein geistig behindertes Kind zu haben, müssen von all dem unterschieden werden, was wir uns selbst inszenieren.

Aus dem heraus, was wir heute aus der Praxis über menschliches Zusammenleben wissen, lassen sich auch einige Grundregeln ableiten, die helfen können, Weichen zu stellen, verhängnisvolle Abläufe einer Beziehung zu korrigieren. Wer begriffen hat, wie lebendig Leben ist, was kleinste Veränderungen in Reaktionen bewirken können, weiß auch um das Glück und die Chance, die darin liegt, daß der Mensch und damit Du und Ich nicht festgelegt sind in unseren Verhaltensweisen. Wir können morgen oder heute schon uns anders verhalten und damit eine vielleicht zunächst kaum bemerkbare Veränderung unseres Lebens einleiten, die uns in einen Lebensweg hineinführt, der bis in einigen Jahren schon nicht mehr zu vergleichen ist mit der Richtung und Prägung, die auf dem alten Weg zwangsläufig zu erwarten war.

Komm,
reden wir über uns

Sich mitteilen

Etwas vom Wichtigsten und Bedeutsamsten im Miteinanderleben ist es, die Fähigkeit zu entwickeln, sich und seine subjektiven Gefühle dem andern oder den andern mitzuteilen. Es geht hier um den Mut, Subjekt zu sein, zu meinem Ich zu stehen. Wie aus den angedeuteten und angeführten Beispielen zu entnehmen ist, fällt dies manchen Menschen äußerst schwer. Den einen darum, weil sie verlernt haben oder nie entwickeln durften, sich selbst wahrzunehmen und zu fühlen, den andern, weil sie aberzogen bekamen, sich zu äußern, sich mitzuteilen. Es gibt Menschen, die viel reden, gewandt sind im Umgang mit den andern und doch das, was sie im Grunde als eigene, ganz subjektive Gefühle erleben, in keiner Weise mitteilen können.

Da gehen Herr und Frau L. mit freundlicher Geste darüber hinweg, daß ihre Freunde ihnen dieses oder jenes nicht mitgeteilt haben, was Frau und Herr L. eigentlich erwartet hatten. Das Ehepaar L. ist von dem Schema geprägt: Nur keine Spannungen erzeugen! Auftretende Schwierigkeiten muß man umgehen; im übrigen muß man »über den Dingen« stehen. Das klingt für viele wie Lebensweisheit, ist aber genau das Gegenteil. Hätten sie ihren Freunden gesagt oder geschrieben, daß sie enttäuscht, etwas verärgert oder auch nur erstaunt waren, weil ihnen dies oder jenes nicht gesagt wurde, so hätte diese schlichte Äußerung vielschichtige Prozesse bewirkt. In denen, die sich äußern, wird eine Ansammlung negativer Gefühle verhindert. Dies bedeutet, daß die vorhandene Beziehung zu den andern dadurch nicht insgeheim belastet wird und dann irgendeines Tages festgestellt werden muß: »Wir sind doch zu verschieden. Wir haben einander nicht mehr viel zu sagen.« Oder wie dann solche vordergründigen Formulierungen eben lauten. Wer sich mitteilt, hat viel mehr die Chance zu unvoreingenommenem und nicht belastetem Begegnen und Kontaktnehmen. Darum taugen solche Menschen viel besser zu Freundschaften und Bekanntschaften, man kann sagen, überhaupt zum Kontaktnehmen. Sie sind weniger empfindlich und verletzlich, weil sie ihre Reaktion anbringen und sich nicht in falscher Weise mit den andern belasten. Die Mitteilung des Ehepaares L. an ihre

Freunde hätte auch bei diesen etwas bewirkt, was für die Zukunft und die weitere Freundschaft wichtig ist. Wenn Menschen sich in ihren Gefühlen mitteilen, weiß der andere, woran er ist. Mißverständnisse, zum Beispiel daß jene Freunde geglaubt haben, die Familie L. habe kein Interesse, an diesem oder jenem teilzunehmen, werden dann aufgeklärt und für die Zukunft bereinigt. Die Freunde wissen nun und können daraus lernen, wie man mit den L.s umgehen muß und worauf sie verletzt reagieren. Sollten aber die Freunde daraus nichts wahrnehmen und lernen und sich weiterhin in solch unerwünschter Weise verhalten, so hat das Ehepaar L. etwas zu lernen, nämlich zu erkennen, wie diese vermeintlichen Freunde tatsächlich sind. Man erliegt dann nicht Fehleinschätzungen und damit Fehlerwartungen und kann sich auf die Art dieser Leute einstellen, ohne dann immer aufs neue verletzt zu werden.

Wir können an diesem kleinen Beispiel leicht wahrnehmen, daß das vermeintliche Ausweichen vor einer Spannung oder Konfliktsituation die Problematik anreichert, während subjektive Stellungnahme im Sinne der Mitteilung meines ganz persönlichen Gefühls auf viel längere Sicht hin hilfreich ist und uns vor größeren Enttäuschungen und Verletzungen zu schützen vermag. Bewußter leben heißt immer auch das Woher und das Wohin eines Verlaufs mit zu berücksichtigen, über das Hier und Jetzt hinaus Abläufe und Entwicklungen zu erkennen.

Im Punktuellen der Gegenwart sich zu erschöpfen und nichts wissen wollen von all dem, was darüber hinausgeht, ist infantiles Verhalten. Kinder leben ihrem geringen Wissens- und Erfahrungsstand entsprechend logischerweise nur im Jetzt. Es fehlen ihnen Wissen, Denken und die Vorstellung dafür, was außerhalb ihres augenblicklichen Reagierens abläuft. Wenn die ganz Kleinen Verstecken spielen lernen und durch Vorbilder von älteren Geschwistern noch nicht wissen, wie dies abläuft, kommt folgendes vor: Sie stellen sich unversteckt *vor* einen Baum oder in eine sichtbare Ecke, halten sich die Augen zu und rufen: »Such mich!« Ihr Gefühl, mit geschlossenen Augen das Problem gelöst zu haben, bestimmt alles. Sie wissen nicht, was sonst vorgeht, schon gar nicht, was beim andern abläuft. Sie erleben nur sich. In solcher Weise kindlich und unreflektiert Augenblickslösungen mit tatsächlicher Konfliktbewältigung verwechselnd, reagieren auch viele Erwachsene, die zwar über das Kind lächeln, jedoch ihre eigenen kindischen Verhaltensweisen nicht wahrnehmen.

Um hinter solchen Mangel an Erwachsensein zu kommen, brauchen wir den andern. Wir regulieren uns gegenseitig, indem die Fehlhaltung des einen zur Provokation des andern wird. Wenn die richtige Reaktion darauf ausbleibt, werden keine Regulative geboten, und der andere bleibt in seiner infantilen Verhaltensweise oder wird darin gar noch bestärkt. Dies ist überall so, in der Öffentlichkeit, in der Politik, im Berufs- und Wirtschaftsleben wie im familiären und ganz privaten Bereich. In allen Lebensbereichen vollzieht sich Bewegung und Gegenbewegung. Wo dieser Lebensrhythmus nicht abläuft, realisiert sich auch kein Leben, ist Stagnation.

Wie man es anfängt

Eine ganz wesentliche Hilfe im Familienleben und in der Zweisamkeit ist es, wenn ganz bewußt und gewollt Aussprachen vereinbart werden. Dies kann auf einen Abend verabredet werden, an dem man sich zusammensetzt und Wein trinkt, kann am Sonntagmorgen im Bett stattfinden, oder wo es auch sein mag. Da in der Hektik unseres heutigen Lebens und durch unsere Neigung zur Verdrängung ins Unbewußte bei vielen kaum mehr Aussprachen im Sinne einer bewußten Zuwendung und Abklärung stattfinden, ist die Festlegung eines solchen Termins oder das bewußte In-Angriff-Nehmen eben eine Hilfe. Wichtig ist dabei auch, daß keiner der beiden Partner oder – sofern Aussprachen im Familienkreis stattfinden – keiner von allen Beteiligten dann überrascht und im Nachteil ist. Jeder kann sich dann rechtzeitig Gedanken machen, Notizen aufzeichnen und sich psychisch darauf einstellen, was er sagen und vorbringen will. Wenn man erst dabei ist zu lernen, sich mitzuteilen, miteinander zu sprechen, sollten zunächst gewisse helfende Regeln beachtet werden, damit nicht der erste Versuch schon ins Chaos führt. Es gibt sicher viele Möglichkeiten solchen Beginnens.

Hier seien nur einige vorgeschlagen, die erprobt wurden und sich bewährt haben. Man sollte sich überlegen, wie man beginnt. Wer dazu in der Lage ist, tut gut daran, etwa damit anzufangen, daß jeder dem andern das sagt, was er an ihm mag, was am andern schätzens- und beachtenswert ist. Vielleicht fängt man damit an, warum man wohl diesen Partner gewählt oder was man von ihm sich erwartet hat, was einem lieb an ihm war.

Es ist in Eheberatungen zuweilen erschütternd, zu sehen, wenn diese Fragen an den einzelnen gestellt und dann beantwortet werden, wie wenig der eine vom andern weiß. Meist weiß keiner etwas darüber, was der andere erhoffte und für sein Dasein braucht. Und was das Allerschlimmste ist, daß viele über eine stattliche Anzahl an Jahren zusammenleben und vom andern noch nicht erfahren haben, was er an einem liebt, was ihm an seinem Partner sympathisch ist, daß er nicht als Mensch total abgewertet wird, wenn auch Spannungen und Schwierigkeiten auftauchen. Es ist schon viel leichter, sich mit dem Partner auseinanderzusetzen, wenn ich weiß, daß ich nur partiell für ihn schwierig bin und nur in einem gewissen Bereich von ihm kritisiert und abgelehnt werde. Unter dieser Voraussetzung kann man schon mehr vom anderen hinnehmen und muß weniger in radikale Selbstverteidigung übergehen.

Weil viele Menschen bei jeder Äußerung über sie selbst, die nicht ausgesprochen im Sinne einer Anerkennung zu verstehen ist, in Verteidigung übergehen und sich entsprechend verhalten, müssen wir auch in dieser Hinsicht vorbeugen, wenn wir lernen wollen, uns unserem Partner mitzuteilen. Wir müssen zum Beispiel verabreden, daß keiner plötzlich all das ausschüttet, was sich in Jahren angesammelt hat, was bedeutet, daß man für eine erste solche Besprechung sich nur ein wenig von dem mitzuteilen vornimmt, was einen besonders bewegt, beispielsweise daß meine Partnerin mich vor den Kindern stets kritisiert, eingreift, wenn ich ihnen etwas sage, oder sich eben grundsätzlich als Gluckhenne gebärdet, die jeden als Feind erlebt, der ihren Kindern etwas kritisch begegnet. Oder es könnte ein Beispiel aufgegriffen werden wie das Thema, daß der Partner alles herumliegen läßt und erwartet, daß der andere für ihn aufräumt, die Zeitung, die schmutzige Wäsche zusammenliest und sie dahin bringt, wohin sie gehört. Wer kein Mitdenken und keine Mithilfe vom Partner erfährt, kommt sich wie eine Hausgehilfin vor, die schlecht behandelt wird.

Schwierig ist es für den Anfang, zu lernen, die angestauten Kränkungen nicht in affektiver Wut und – was durchaus verständlich und berechtigt wäre – als Vorwurf darzubringen, sondern zunächst einmal von diesen Tatsachen einfach so zu reden, daß ich mitteile, wie sehr mich dies kränkt. Dann kann man nicht so formulieren: »Du benimmst dich wie ein unerzogener Junge, der nicht gelernt hat, seine Socken...« usw. Oder: »Du hast zu Hause nichts an Erziehung erfahren und hast danach auch nichts dazugelernt.« In solcher Weise dürfen die Gespräche nicht ablaufen. Dies bedeutet nicht, daß im Nachdenken über die Zusammenhänge manche Tatsachen nicht erwähnt werden dürften, jedoch eben nur in solcher Form, daß sie nicht kränken. Also: »Wenn man immer gewohnt war, daß einem die Mutter alles abnahm und wegräumte, ist es sicher schwieriger, sich in einer Ehe auf mehr Selbständigkeit einzustellen. Unwillkürlich erwartet man dann wieder jemanden, der einem wie als Kind hinterherräumt. Ich sehe schon, daß dies für dich nicht leicht ist, aber ich möchte nicht deine Mutter sein. Ich möchte dich auch nicht erziehen müssen. Ich möchte mich auch nicht wie deine Magd fühlen. Darum muß ich dir dies nun alles sagen, damit du selbst einen Entschluß fassen kannst, wie wir besser zurechtkommen.« Wer hören kann, nimmt dann wahr, was im andern vorgeht, wie er auf den andern wirkt und in welch unangenehme Situation er seinen Partner durch Fehlverhalten gebracht hat. Wer jedoch mit Vorwürfen überschüttet wird, verteidigt sein Verhalten: »Andere Frauen tun ihren Männern dies auch. Was ist denn schon dabei, wenn ich eilig weg muß...« usw. Oder aber man wählt das Prinzip, da der Angriff die beste Verteidigung sein soll, und reagiert so: »Solange die Kinder von dir so wenig erzogen sind, daß sie beim Essen kein Taschentuch haben und fortwährend die Nase hochziehen, und solange du sonntags vergißt, die Betten zu machen, solltest du auf dich selbst aufpassen.« Wir müssen darum, wenn wir uns mitzuteilen üben wollen, gerade solche Abläufe verhindern.

Das Zuhören

Wir verabreden klugerweise schon Tage vorher etwa folgende Punkte: Jeder darf ausreden, ohne daß er unterbrochen wird. Jeder ist bereit, über das nachzudenken, was der andere vorgebracht hat, ohne gleich an diesem Abend darauf zu reagieren. Wir beginnen am besten mit Mitteilungen, ohne gleich darüber zu diskutieren. Es ist schon eine gute Sache, dem anderen meinen Kummer, mein Anliegen einmal sagen zu können. Damit vermeiden wir, am Ende doch zu obigen abwehrenden und Entschuldigungen suchenden Verhaltensweisen überzugehen. Wir wollen auch vorher schon darauf hinweisen, daß wir in diesen Übungen des Mitteilens zunächst noch kein Partnergespräch als Ziel haben, weil zuerst eingeübt werden muß, daß man hört, was der andere sagt, eventuell sogar dessen Notizzettel nachher für sich mitnimmt. Es muß auf dem Weg zum guten Partnergespräch nicht nur Zuhören, sondern auch Schweigen ohne Abwehr geleistet werden. Prüfung für jeden der beiden sind nachher die Fragen an sich selbst: Kann ich mir etwas sagen lassen von meinem Partner, mit dem ich verbunden bin? Kann ich etwas hinnehmen, und kann ich auch etwas zugeben? Vermag ich nachzufühlen, wie es der andere, der mein Du ist, empfindet, was er mir sagt, oder kann ich nur aus meiner Ich-Prägung heraus etwas betrachten? Hinzu kommt die entscheidende Abmachung, daß keiner beleidigt sein darf, auch dann nicht, wenn er persönlich manches, was ihm gesagt wurde, als Kränkung empfindet. Das heißt nicht, daß wir nicht betroffen sein dürfen und nachdenklich, jedoch müssen wir dem andern dann zu fühlen geben, daß wir eben nicht verschnupft und beleidigt sind. Wenn diese ersten Abmachungen geleistet und diese ersten Übungen zuwege gebracht werden können, ist der große Schritt getan, der die andern notwendigen Schritte folgen läßt.

Aus den genannten vorsorglichen Abmachungen heraus wird vermieden, daß der Redegewandtere den andern totredet, so daß der sich nicht mitteilen kann. Der Gewandtere gerät allzu leicht in uneinfühlsames und vergewaltigendes Verhalten. Er kann dann nicht nur keine Regulierung erfahren, sondern fühlt sich darüber hinaus auch noch im Recht. Das ist die Hybris der allzu Gewandten und Schlauen, die an sich selbst genauso gefährdet sind und ebenso aus sich selbst die eigene Destruktion einleiten, wie dies bei den Ich-Schwachen und Gehemmten der Fall ist. Die Cleveren fühlen sich durch sonstige Erfolge oft ganz groß. Sie sind weit entfernt davon, ihre Egozentrik, ihren Mangel an Liebesfähigkeit und vor allem das einzusehen, daß sie die Qualität der ihnen im Rechthaben oder in der Wortgewandtheit unterlegenen Menschen überhaupt nicht ahnen können, weil sie von sich selbst so sehr fasziniert sind.

Es gibt natürlich viele Möglichkeiten, sich der Auseinandersetzung zu entziehen, damit man weiterhin bei sich selbst ungestört im Kreis gehen kann. Ein Partner stand von einem solchen Versuch, sich mitzuteilen, der durchaus behutsam und aus dem Wissen um den schwierigen Partner heraus fast ängstlich vorgenommen worden war, auf und meinte: »Das war sehr gut, daß du dich einmal geäußert hast und so ehrlich warst. Ich bin auch keineswegs gekränkt und beleidigt. Wenn du mich jedoch so siehst, dann weiß ich nicht, warum wir zusammenleben.« Es war immer seine Methode, diese Partnerschaft in Frage zu stellen, wenn etwas entgegen seinen Erwartungen verlief. Erst als seiner Frau dies schließlich zuviel wurde und sie ihre eigene Ängstlichkeit überwunden hatte, ging sie eines Tages zum Anwalt, um sich über die rein rechtlichen und für sie selbst wichtigen Fragen einer Trennung zu orientieren, weil ihr Mann ihr immer angedroht hatte, daß sie dann ohne Mittel dastehen werde und sehen müsse, wie sie zurechtkomme. Auch die juristische Seite klärte vieles zu ihren Gunsten. Als diese Partnerin nicht mehr mit allen Mitteln zu ängstigen und einzuschüchtern war, änderte sich die Situation. Plötzlich konnte sie ihm sagen, daß ihr vom Reihenhaus juristisch die Hälfte gehöre, daß er für sie und die kleinen Kinder sorgen müsse und daß man tatsächlich sich trennen solle, wenn er immer mit diesem Gedanken als letzte Lösung spiele. Damit hörten die Trennungsandrohungen ein für allemal auf. Erst nachdem seine Partnerin selbständig und soweit erstarkt war, daß sie eine Trennung oder gar Scheidung hätte verkraften können, war ihr Mann dazu bereit, in die früher abgelehnten Übungen zum

Mitteilen und Wahrnehmen einzuwilligen und sich mit zu beteiligen.

Der andere darf Schwächen haben

Für uns alle ist es hilfreich, wenn uns bewußt wird, was am andern positiv, liebenswert und erwachsen und was seine infantile, unausgegorene Seite ist. Wir müssen dabei die Teil-Ich unterscheiden. Dann heißt es nicht: »Mein Mann ist ein Wichtigtuer, der vor andern Menschen sich mit Hilfe von Übertreibungen und Lügen aufplustert.« Sondern: »Er hat ein schwaches Selbstgefühl, und diese Seite in ihm hat es zuweilen nötig, sich aufzuspielen.« Wer durch den andern sein Selbstwertgefühl gestützt sehen will, wessen eigenes Ich schwach auf den Füßen steht, der wird durch alles irritiert und beunruhigt, was nicht nach seinen eigenen Vorstellungen und Normen beim andern abläuft. Auch wenn einem selbst etwas Unangenehmes geschieht, sucht man nicht bei sich, sondern beim andern Entlastung. Beispiele sollen dies verdeutlichen.

Wir waren fünf junge Leute, die zusammen wegfuhren. Es war nach dem Krieg, und ein Auto zu haben war etwas ganz Besonderes. Einer der Bekannten hatte uns zu einer ersten Fahrt mit seinem gebraucht erstandenen Auto eingeladen. Den Führerschein hatte er gerade erhalten. Bei seinem Mangel an Erfahrung, aus seiner Unsicherheit heraus, hupte er an jeder Straßenecke und verhielt sich unsicher und zugleich voll kindlicher Freude. Wir andern konnten nicht umhin, ein wenig zu lächeln. Seine junge Frau bemerkte dies alles sehr wohl. Obwohl sie selbst im Grund ein Mensch war, der um Ich-Stärke noch sehr ringen mußte, vollbrachte sie eine große Tat. Sie legte ihren linken Arm um seine Schulter und sagte ganz ruhig und gelassen: »Hupe nur, wenn es dir Spaß macht!« Sie distanzierte sich von den andern, die recht hatten und in der Mehrzahl waren, und stand zu seinem Verhalten. Das hieß nicht: Überall zu hupen ist richtig, oder: Ich würde mich auch so verhalten. Es drückte in hohem Maße gekonnt aus: Ich gestehe dir dein Verhalten zu, ich verstehe es, auch wenn die andern darüber lächeln.

Ich habe diesen kleinen Vorfall heute nach Jahrzehnten noch in Erinnerung, weil hier etwas ablief, was viele Menschen nicht zu leisten vermögen, nämlich dem andern etwas zuzugestehen, was zwar nicht ganz den allgemeinen Erwartungen, auch nicht meinen eigenen, entspricht, jedoch niemandem schadet und ihm darum zugestanden werden kann. Hier muß der andere nicht mehr dazu mißbraucht werden, mein Selbstwertgefühl zu stützen, das ins Wanken gerät, wenn mein Partner sich anders verhält, als mir dünkt, daß richtig wäre. Dem andern eine nicht optimal erscheinende oder gar infantil anmutende Verhaltensweise zuzugestehen, die niemandem schadet, lediglich mir vielleicht peinlich ist, heißt ihn ernst zu nehmen und ihm darum auch die für uns alle notwendigen Zugeständnisse zu machen, daß er in Teilbereichen auch Schwächen haben darf. Wenn man dies auf sich selbst auch anwendet, hilft es uns wesentlich, mit uns selbst besser zurechtzukommen. Wir müssen uns dann nicht immer gleich verdammen und unzulänglich fühlen, denn auch für uns gilt das, was für den andern recht und billig ist. Auch wir haben jene mit Mängeln und infantilen Zügen behafteten Teilbereiche, die wir nicht unbedingt als stellvertretend für uns selbst ansehen müssen und an denen wir noch zu arbeiten haben.

Ein Gegenbeispiel: Hier konnte nicht ertragen werden, daß einem selbst etwas schiefgegangen ist. Drei Paare fuhren in einem völlig harmlosen und leicht zu befahrenden Schigelände mit Langlaufschiern, als eine der Frauen plötzlich ohne Grund die Balance verlor und stürzte. Sie fühlte sich dadurch so sehr in ihrer Eitelkeit gekränkt, daß sie als erstes, noch ehe sie wieder auf den Schiern stand, ihren Mann für die Sache verantwortlich machte, indem sie ganz nebenbei meinte: »Du hast mir die Schier falsch gewachst.« Es war eine Frau mit vielen guten Seiten und Zügen, jedoch mit einem kindlich empfindlichen Teil-Ich, das nichts ertragen konnte, was ihr irgendein Versagen bescheinigte. Sie war noch vom infantilen Rechtmachen allzu stark geprägt. Nur das Kind hat die Vorstellung, daß auf der Welt alles richtig läuft und den Erwachsenen nichts mißlingt.

Es gibt einen feinen Maßstab, an dem wir uns orientieren

können, wenn es um die Frage geht: Was ist belanglos und ohne weiteres zu tolerieren? Unangenehm oder problematisch werden Fehlverhalten immer dann, wenn andere oder man selbst dadurch geschädigt werden, also wenn ich auf Kosten anderer lache, Entschuldigungen suche oder mich hinausrede, wenn ich mich gut hinstelle, weil die andern etwas nicht können usw. Wenn ich meine Kinder, meine Frau oder meinen Mann zum Beispiel vor andern bloßstelle oder eben Dinge sage, die man sich bestenfalls unter vier Augen sagt, so kann man getrost annehmen, daß dahinter ein kompensierender Geltungsanspruch steht. Wer gerne Witze erzählt, die manchem peinlich sein könnten, lebt auch auf Kosten anderer. Wir dürfen das nicht einfach hinnehmen und tolerieren – weder bei uns selbst noch bei unserem Partner –, wenn Schaden zugefügt wird. Wer jedoch laut lacht oder sich in einer Gesellschaft wenig zu sagen getraut, wer den Gästen zu wenig oder gar zu viel zuspricht und anbietet, richtet keinen Schaden an. Wir müssen darum eine gute Unterscheidungsfähigkeit entwickeln zwischen dem, was leicht, und dem, was ernster zu nehmen ist. Partner, die bei jeder Heimkehr von einer Einladung dem andern kundtun, was er falsch gemacht hat, wo er ungeschickt war, schaden einander mehr, als tadellos geglücktes Verhalten und Benehmen nützt. Die meisten Menschen haben nämlich ein feines Gefühl dafür, was vordergründig gespielt, angelernt, was also ein formales Benehmen ist, und wo das menschliche In-Ordnung-Sein, man könnte sagen persönliche Echtheit und Reife dahinterstehen.

Den andern und sich selbst in den belanglosen Teilschwächen anzunehmen und wohlwollend zu ertragen heißt nicht: »So bin ich eben. Du mußt mich nehmen, wie ich bin.« Wer dies nicht unterscheiden kann, sollte nochmals vorne zu lesen beginnen und mit mehr Offenheit weiterlesen.

Wer die Übungen zum Mitteilen regelmäßig aufbaut und nach den ersten Fehlschlägen oder Schwierigkeiten nicht gleich aufgibt, erlebt zunehmend, daß beide Teile lernen, mit ihrem Partner zu sprechen. Dabei geht es nicht ums Diskutieren und Reden, sondern um ein Gespräch mit gegenseitiger Mitteilung und Rückmeldung. Dann geht es nicht mehr ums Rechthaben, ums Stärker- und Obensein, nicht mehr um mein infantiles Ich, das mir unkontrolliert und selbstherrlich Fehlverhalten diktieren darf. Es geht dabei nur um die Lösungssuche, zu der immer beide Teile beizutragen haben, damit auch beide davon Gewinn haben. Aus solchen Erlebnissen heraus entwickelt sich immer mehr ein Wir-Gefühl, in dem jeder ganz enthalten ist und seinen Platz findet, um zugleich mehr zu sein als er als Nur-Ich und allein je sein könnte.

Die Partnerwahl

Die Eltern sind Leitbilder

Die meisten von uns sind überzeugt, daß wir unseren Partner bewußt wählen, ihn mit der Fähigkeit zur Entscheidung aussuchen. Wir sind uns jedoch nicht bewußt, wie viele Motive unser Handeln bestimmen, wie sehr wir durch unbewußte Vorgänge in unserem Verhalten und in unseren Reaktionen auf andere Menschen geprägt werden. Wir reagieren auf die Bewegungen, die Mimik, die Stimme, auf kleinste Eigenheiten und Eigenschaften des andern, die wir nur selten bewußt wahrnehmen. Wir reagieren auf sein Verhalten und erleben seine Persönlichkeit unbewußt und viel umfassender und schneller als mit dem Verstand. Wir »erkennen« mit dem Gefühl, ob dieser andere, dieses Gegenüber als Du für uns geeignet ist, ob sein Verhalten, seine Reaktionen zu unserem Verhalten, zu unseren Reaktionen und zu unseren Vorstellungen passen. Insofern kann man sagen: Wir erfassen intuitiv, was dem andern selbst nicht bewußt wird, und nicht nur sein bewußtes Handeln und Sich-darstellen-Wollen. Wir reagieren also von Unbewußtem zu Unbewußtem. Dabei ist nur von Bedeutung, ob zwischen den eigenen Reaktionen und denjenigen des andern ein Zusammenspiel möglich ist.

Die Bilder und Normen, die wir in uns tragen, stammen aus Erlebnissen und Erfahrungen aus der Kindheit, besonders aus den frühesten Lebensjahren. Sie alle wirken mit und prägen die Antwort des später dann Erwachsenen auf die Verhaltensweisen anderer, sie bestimmen somit unser Verhalten gegenüber einem Partner. Das Elternbild ist zumeist zum Leitbild geworden. Das kann nun ein Leitbild sein, an dem man sich gerne orientiert, wenn es nämlich als positiv empfunden und erlebt wurde. Es kann aber ebenso ein Leitbild negativer Art werden; dann wirkt es abstoßend und wird zum abschreckenden Beispiel. Als Antwort darauf sucht man als Positives das Gegenteil dieser negativen Erfahrungen, also das Gegenteil dessen, was man in Vater und Mutter erlebt hat.

Dazu ein Beispiel: Der Vater war ein stiller, in sich gekehrter, besonnener Mann, lebte zurückgezogen, verhältnismäßig passiv und bescheiden für sich, ohne großen Kontakt nach außen, während die Mutter die Familie führte, alles leitete, die Dinge des Alltags arrangierte und manche wesentlichen Entscheidungen traf. Bei der Tochter können wir nun häufig feststellen: Neigt sie mehr zu ihrem Vater, nämlich dann, wenn das Bild des Vaters in ihr positiv wurde, wenn sie ihn akzeptieren und ganz bejahen konnte, dann sucht sie einen Mann, der in der gleichen Richtung geprägt ist und ähnliche Eigenschaften besitzt. Dies trifft um so mehr zu, je stärker die Identifikation mit der Mutter ist, die ihren Partner ergänzt und starke Verselbständigung entwickelt hat. Wurde jedoch die Mutter als negativ erlebt und wirkte diese abstoßend als eine allzusehr dirigierende, beherrschen-wollende Frau, so wird die Tochter unter Umständen einen Partner wählen, der nicht wie der Vater ist, damit sie nicht in die Gefahr gerät, in die Rolle der Mutter einzumünden. In diesem Fall sucht sie einen aktiven Mann, der selbst die Rolle übernimmt, welche die Mutter in der Elternfamilie innehatte.

Ein anderes Beispiel vom Sohn: Hat er seine Mutter als eine Art Hausmutter erlebt, als eine Haushalts-Familienmutter, die sich den Wünschen von Mann und Kindern unterwarf und die die Dienerin für die anderen war, so hat er im allgemeinen einen Vater, der die betont männliche Rolle beherrschte und die Familie bestimmte. Es ist nun entscheidend, ob er sich mit diesem Vater identifiziert. Wenn er sich mit ihm innerlich gleichsetzt, so wird er eine Frau suchen, die in dieses Verhaltensschema paßt, nämlich die entsprechend seiner Mutter in Entscheidungen passiv und zurückgezogen lebt, das heißt, in der Familie ein ähnliches Rollenspiel übernimmt, wie es die Mutter hatte. Hat er sich jedoch durch seinen sehr bestimmenden, beherrschenden, vielleicht autoritären Vater abgestoßen gefühlt, scheut er sich, selbst in diese Rolle einzutreten. Dann sucht er sich eine Frau, die selbst mehr männliche Kräfte entwickelt hat, die aktiver und bereit ist, einen Teil dieser beherrschenden Rolle auf sich zu nehmen, so daß er von dieser Seite her nicht in die Verhaltensrolle seines Vaters eintreten muß.

Wir müssen also erkennen, daß wir durch unsere Verhaltensweise das Verhalten des andern mitbestimmen. Es ist gut, wenn wir uns darüber im klaren sind. Was ich unbewußt im andern auslöse, ist das, was ich auch unbewußt erwarte; ich provoziere geradezu die Haltung des andern, es ist ein Zusammenspiel, ein Ineinander und Miteinander. Erwarte ich zum Beispiel Autorität und Führung durch einen Partner, werde ich im andern dann durch mein Verhalten entsprechende Verhaltensweisen auslösen. Indem ich mich unselbständig, inaktiv, unsicher, unterwürfig gebärde, verlocke ich den andern oder fordere ihn geradezu auf, in eine Führungsrolle einzutreten. Ich setze also den andern durch mein Verhalten in eine entsprechende Position, provoziere seine Reaktionen und bestimme sie mit. Wer selbst Masochist ist, wer zum Leiden neigt und das Leiden gewissermaßen sucht, arrangiert sich in seinem Leben immer wieder Situationen, in denen er in Unterdrückung, in Leiden durch andere gerät. Er findet ganz automatisch und ganz unbewußt durch innere Steuerung immer wieder solche Partner, die bereit sind, ihn in diese Rolle zu drängen, und die sich auch durch den Masochisten, durch das leidenwollende Gegenüber zum Sadisten, also zum Quäler antreiben und herausfordern lassen. Wir können den Sadismus im andern herauslocken durch entsprechendes Verhalten, genauso wie der Sadist das Leidenwollen und die Leidensrolle dem andern aufzwingen kann. Wer verwöhnt sein will, sucht sich einen dienenden, unterwürfigen Verwöhner, der in Abhängigkeit gebracht wird. Darum können wir erleben, daß derselbe Mensch bei verschiedenen Partnern sich anders verhält; er wird mitgeprägt durch sein Gegenüber.

Rollenspiele

In jedem Menschen sind mehrere Möglichkeiten des Verhaltens und Reagierens. Es ist darum ein Irrtum, wenn viele glauben, daß sie nur so sind und sein können, wie sie sich bisher erlebt haben, oder daß sie nur in Form der gewohnten, eingeschliffenen Verhaltensabläufe sich äußern können. Vielmehr verhält es sich so, daß die allermeisten Menschen die Fülle ihrer Lebensmöglichkeiten und die Vielfalt und Spielbreite in der eigenen Psyche nur zu einem ganz geringen Teil realisieren und keineswegs erschöpfen. Was veränderte Umwelt- und Reizsituationen im Menschen aktualisieren, wie sehr wir uns immer aufs neue verändert erleben können, das weiß, wer Notsituationen kennt, Veränderungen in seinem Leben durchstehen mußte und Herausforderungen des Schicksals erlebte. Gewohnheit, Bequemlichkeit und psychische Trägheit führen zu Einengungen, die nicht sein müßten. Die Vorstellung, daß immer nur das Angenehme und Mühelose uns Lust und Gewinn bringt, ist ein Grundirrtum.

Frau X. hatte in ihrer ersten Ehe alles, was man sich nur wünschen kann. Sie mußte wenig Arbeit leisten, hatte als sozial gutgestellte Ehefrau ein Leben, um das sie viele beneideten. Nachdem sie im Krieg alles verloren hatte und auch ihr Mann gefallen war, lebte sie in zweiter Ehe unter recht einfachen Umständen. Neben ihrem Haushalt mußte sie noch halbtags einer sehr einfachen Berufstätigkeit nachgehen, da sie keinen Beruf erlernt hatte. Trotzdem war sie viel befriedigter, und man kann sagen glücklicher als in der Zeit des großen Wohlstands. Ihre damaligen Symptome von Kopfschmerzen und asthmatischen Beschwerden blieben völlig weg, nachdem sie sich in ihrem Dasein selbst bewähren mußte und nicht mehr nur die Frau ihres Mannes war. Er hatte ihr alles abgenommen und sie wie ein verwöhntes kleines Mädchen gepflegt, das nicht viel zu tun hatte, dem vor allem die Gelegenheit fehlte, herausgefordert zu werden, um sich zu bewähren. Dies brachte ihre neue Situation nach dem Krieg und nach der Umsiedlung. Bei ihrem zweiten Mann war sie mehr aufgefordert, Aufgaben zu übernehmen. Sie mußte ihn ermutigen, in den deprimierenden Zeiten nach dem Krieg äußere und innere Aufbauarbeit zu leisten. Dabei entwickelte sie seelische Kräfte und konnte ihrem Partner wie auch ihren Kindern in einer Weise hilfreich sein, wie es ihr früher nie jemand zugetraut hätte, am wenigsten sie selbst.

In der ersten Ehe war Frau X. über den Status ihres Kindseins nicht hinausgewachsen. Ihr Mann führte die Rolle ihrer Mutter fort. Sie war behütet, vom wirklichen Leben mit all seinen Nöten, Brutalitäten und Widersprüchen abgeschirmt und hatte nur jeden Tag brav die Rolle des lieben Kind-Frauchens zu spielen, dessen Partner für sie stellvertretend das mit der

Welt erledigte, was zu tun war. Frau X. ist in dieser Zeit nicht nur geistig nicht gewachsen, auch im seelischen Bereich stagnierte alles. Entgegen ihren bewußten Meinungen reagierte sie unbewußt mit Unbehagen. Ihre asthmatischen Beschwerden drückten die Beklemmung aus, ihre Kind-Mutter-Beziehung nicht aufgelöst zu haben, die Einengung der Selbstverwirklichung. Sie hatte damals nicht den Mut, an ihrem scheinbaren Glück zu rütteln und die erwartete Rolle, die ihr vom Partner zugeordnet war, zu verändern. Nicht ihre Wohlstandssituation hatte sie gehindert, ein lebendiges Leben zu führen, sondern ihre eigene Trägheit, ihr Mangel an Mut zur Veränderung. Sicher wäre ihr Partner mit ihr gewachsen, hätte sie ihn zu einem anderen Bild von Frau hinführen können; sie hätte ihm bisher ungekannte beglückende Beziehungsmöglichkeiten zu ihr eröffnen können. Beide aber wollten an dem, was ihnen im Augenblick als Glück erschien, festhalten und es genießen. Beide verweigerten zunächst Wachstum und Entwicklung.

Es müssen gar nicht immer äußere Veränderungen eintreten, schon allein ein anderer Partner vermag all das anzusprechen, was bisher unangesprochen blieb. Es muß auch gar nicht ein anderer Partner sein, weil auch von ein und demselben Veränderungen herbeigeführt werden können.

Man kann beobachten, daß ein Mann in der ersten Ehe auffiel als Schreier, als unduldsamer Mensch, der sich nicht anpassen wollte, der von seiner Frau viel Arbeit verlangte, der nie mithalf im Haushalt oder auf dem Acker, wie ich es bei einem Bauern erlebte. Dieser Mann hat in der zweiten Ehe in der Küche mitgeholfen und Geschirr abgetrocknet, hat seiner Frau vieles abgenommen, weil sie nicht bereit war, sich in die Rolle der ersten Frau drängen und sich unterwürfig alles aufbürden zu lassen.

Eine junge Frau kam mit großen Schwierigkeiten zu einer Beratung. Sie war zu Hause ein verwöhntes Kind gewesen und spielte diese Rolle weiter in ihrer Ehe. Sie war hübsch, sie hatte mit ihrer Schönheit bisher gewisse Erfolge gehabt und nie gelernt, selbst von sich aus etwas dazu beizutragen, um Partner, um für einen andern dazusein. Er, der Partner, der Ehemann in diesem Falle, sollte nur ein Wunscherfüller sein. Das war er zunächst auch lange Zeit. Sie war eigensinnig und trotzig, wenn er nicht erfüllte, was sie sich vorgestellt hatte, und versuchte immer aufs neue abzutasten, wie weit sie diesen Partner treiben konnte, was er sich alles gefallen ließ, was sie ihm alles zumuten konnte, und wollte seine Untergebenheit und – wie sie irrtümlich meinte – seine Liebe daran messen. Wenn er nicht so agierte, wie sie es wünschte, dann drohte sie ihm, spielte mit Krankheiten, arbeitete mit Mitleidserregung und Hilfsbedürftigkeit und hatte in ihrem Rollenspiel eine große Variationsbreite zur Verfügung. Als ihr Partner durch eine psychologische Beratung die Zusammenhänge durchschaute, war er nicht mehr bereit, in der früheren Rolle mit seiner Partnerin weiterzuleben; er änderte durch sein Erkennen und durch seine bewußte Stellungnahme sein Verhalten. Diese Umwandlung durchzustehen war sehr schwierig; denn beide Partner hatten ein neues Bezugsschema und ein neues Verhaltensmodell einzuüben. Es war ein sehr mühsamer Prozeß, bis beide sich so weit reguliert hatten, daß sie in problematischen Situationen nicht wieder rückfällig wurden und in das alte Rollenspiel einmündeten. Er war dann nicht mehr übermäßig tolerant, vielmehr wurde er aktiver. Früher hatte er das nicht vermocht, weil er durch einen überaktiven Vater sich selbst in solcher Weise negativ empfand. Er mußte erst im Laufe der psychologischen Beratung lernen, seine früher abgewehrte und als negativ empfundene männliche Seite zu entwickeln und aufzubauen und zu bejahen. Langsam lernte er erkennen, daß es eine männliche Aktivität gibt, die den andern nicht erdrückt. Er durchschaute seine frühere Angst vor der eigenen Tat und sein bisheriges kindliches Bemühen, alles recht zu machen, um Spannungen und den befürchteten Liebesverlust zu vermeiden.

Seine Partnerin hatte Mühe, aus ihrer narzißtischen Selbstzufriedenheit herauszufinden und ihre bisherige Rolle aufzugeben, die sie unbewußt von Kindheit an spielte, nämlich das geliebte, kleine, blonde Engelchen zu sein. Es war ihr neu, daß man nun etwas von ihr verlangte, daß sie die Aufgabe einer erwachsenen Frau zu übernehmen hatte und für Dinge verantwortlich war, für die sie sich bisher keineswegs zuständig fühlte.

Als sie ihre bisherige infantile Lebenshaltung und ihr Versagen, das sie zuvor immer dem Partner zugeschoben hatte, erkannte, verzagte sie zunächst und war mutlos. Hinter ihrer bisher so anspruchsvollen Fassade, die stets vom andern forderte, kam ein »kleines Mädchen« zum Vorschein, das Angst hatte, die ihrem Alter entsprechenden Lebensaufgaben selbständig zu bewältigen.

Für beide genügte es nicht, des *andern* Fehlverhalten zu analysieren, vielmehr mußten beide bei *sich selbst* beginnen. Wer seine eigenen Schwierigkeiten erlebt, wird dann den Problemen des andern gegenüber verständnisvoller und findet zu jenem Punkt, von dem man ausgeht, um dem andern zu helfen, statt zu fordern oder zu verurteilen. Es ist noch viel zuwenig bekannt, wie sehr wir verflochten sind im sozialen Feld, in dem wir leben, in welch innigem Zusammenhang Aktion und Reaktion ablaufen, wie sehr unsere eigene Geschichte und Vergangenheit in jeder unserer Verhaltensweisen mitschwingen.

Frau P. hatte einen sehr strengen Vater und eine ihm sich unterordnende, weiche Mutter. Während sie mit ihrem späteren Mann über Jahre hin befreundet war, erfuhr ihr Partner von ihrer Seite viel liebevolle Zuwendung und ein hohes Maß an Anpassung. Er war beglückt über soviel Zuwendung, zumal er als Einzelkind sich vernachlässigt gefühlt hatte und durch die Berufstätigkeit seiner Mutter viel allein gewesen war. Andererseits war er gewohnt, von dieser Mutter, die ihn verwöhnte und ihm vieles ermöglichte, was sie sich eigentlich nicht hätten leisten können, immer ein hohes Maß an Beachtung und Verhätschelung zu erhalten. Diese Mutter hatte ihrem Sohn mehr Zuwendung geschenkt als ihrem Mann. Als das Ehepaar P. nun selbst zwei Kinder hatte, begannen viele Probleme. Er konnte von seiten seiner Frau nicht mehr die bisher gewohnte Fülle von Zeithaben und Zuwendungen erhalten, ganz einfach weil dies faktisch nicht zu realisieren war mit einem Haushalt und zwei kleinen Kindern. Darauf reagierte er wie ein gekränkter Junge, wurde patzig und entzog sich den gemeinsamen Aufgaben, indem er sich zu seinen Hobbys zurückzog. Seiner Frau gegenüber wurde er jedoch zunehmend eifersüchtig. Sie sah ihn nun in der Rolle des nur auf sein persönliches Wohl bedachten

Mannes mit Dominanzansprüchen. Je mehr sie ihn mit sich selbst, seinen Hobby-Freuden beschäftigt sah und außerdem die Grobheiten seines Durchsetzungsvermögens gegenüber ihr wie auch gegenüber den Kindern erlebte, um so mehr rückte er für sie an die Stelle ihres gefürchteten und gehaßten Vaters. Sie nahm nun für sich und die Kinder den Kampf auf, den die eigene Mutter nicht gewagt hatte. Sie tat ihrem Mann zunehmend kund, wie sehr er sie abstieß, wie lieblos sie ihn fand und daß auch ihre Zuneigung nicht mehr ausreichte, um ihn zu ertragen. Frau P. setzte in der Übernahme der Rolle ihrer Mutter nun die Auseinandersetzung genau dort fort, wo die Mutter aufgegeben hatte. Dabei konnte man an den Träumen dieser jungen Frau erkennen, wie sehr sie die Auseinandersetzung mit diesem Partner aufwühlte, alte Kindheitsängste vor dem Vater reaktivierte, Schuldgefühle auslöste und all ihre Kräfte beanspruchte.

Herr P. hatte auf die durch zwei kleine Kinder veränderte Ehesituation damit reagiert, daß er seine persönlichen Ansprüche vergrößerte. Wenn seine Frau schon nicht mehr stete Wunscherfüllerin sein konnte, mußte er ein großes Auto haben, das ihm Spaß machte, später ein Segelboot, und darüber hinaus auch sonst sich viel Wunschbefriedigung verschaffen. Die notwendige Mitarbeit im Familienganzen verweigerte er und fand dafür ebenso Rationalisierungen, das heißt scheinvernünftige Erklärungen, wie für seine Wünsche. Das große Auto war für die Familie notwendig, vom Segelboot profitierten alle, ein beruflich voll ausgelasteter Mann kann abends keine Kinder ertragen und dergleichen mehr.

Frau P. wußte zwar nicht die psychologischen Worte und Begriffe für das Verhalten ihres Mannes, doch fühlte sie sehr klar, was hier vor sich ging. Seine infantile Haben-müssen-Haltung und seine Unfähigkeit, in einem Wir mitzuleben, stießen sie sehr ab, zumal sie in dieser Hinsicht durch ihre Kindheitserlebnisse stark sensibilisiert war. Die zunehmende Eifersucht ihres Mannes, der sie nicht mehr alleine aus dem Hause gehen lassen wollte und auch das Ausgehen mit ihr immer mehr reduzierte, empfand sie als Einsperrung und Vergewaltigung ihrer Person, ähnlich wie sie es als Pubeszentin erlebt hatte, als ihr

Vater ihr verbot, nach der Tanzstunde mit den andern zusammen in einem Café noch eine Stunde zusammenzusitzen. Herr P. riß alle alten Wunden auf und reaktivierte verdrängte und unverarbeitete Aggressivität, die nun zum großen Erschrecken der Frau P. aufbrach. Die Eifersucht dieses Mannes war im Hinblick auf Beziehungen zu anderen Männern von seiten seiner Frau völlig unbegründet. Psychologisch gesehen bestand jedoch viel Anlaß, sich um die Beziehung zu seiner hübschen Frau zu sorgen. Unbewußt ahnte er, daß er im Vergleich mit andern Männern insofern unterlegen war, als er psychisch und in seinem Verhalten seiner Frau und seinen Kindern gegenüber einfach nicht erwachsen, nicht zum Mann geworden war, worüber seine sonstigen Fähigkeiten und auch sein gutes männliches Aussehen nicht hinwegtäuschen konnten. Herr P. blieb in der Anspruchshaltung einer neurotischen Mutter-Kind-Beziehung stecken. Lieben bedeutete in seiner Vorstellung und auf Grund seiner Erfahrung verwöhnt werden, Hätschel-Objekt eines andern sein ohne Gegenleistung. Es ist jene Fehlentwicklung, bei der liebhaben nur passiv und nicht als gegenseitige Beziehung erlebt wird. Auch Herr P. übernahm im Verlauf seiner Ehe immer mehr das Reaktionsschema seines Vaters, das er als männlich empfand: Wenn etwas im Guten nicht erzwungen werden konnte, dann mit Gewalt. Auch sein Vater hatte seine Mutter und ihn sich selbst überlassen und war seinem Vergnügen im Wirtshaus, beim Motorradfahren und im Sportverein nachgegangen. Da er durch seine Mutter dieses Verhalten abgewertet bekam, wurde dieses Schema bei ihm verfeinert angewandt und besser rationalisiert: Von seinen Wunscherfüllungen hatte ja die ganze Familie etwas. Daß kleine Kinder auf einem Segelboot gefährdet sind und wenig Auslauf haben, daß sie in einem kleineren Auto ebenso gut und ebenso schlecht herumgefahren werden, darauf kam der sonst im Beruf recht kluge Mann nicht.

Die frühere Übereinstimmung in dieser Ehe hatte sich in krasse Gegensätzlichkeit verwandelt. Die Fortsetzung von Kindheitserfahrungen und -leitbildern, die introjiziert worden waren und nun in der eigenen Persönlichkeit fortwirkten, machten blind für das, was dem andern nottat. Er benötigte viel

Zärtlichkeit und Selbstbestätigung, mußte als gestörter Junge gesehen werden, der aus seiner Fehlentwicklung mit Güte und Strenge herausgeführt werden mußte, um an sich selbst arbeiten zu lernen. Dieses Maß an Mütterlichkeit und forderndem Frausein konnte seine Partnerin zunächst nicht aufbringen, solange sie ihn als den angsterregenden und liebesunfähigen Mann sah, der ihr Vater war. Sie drängte ihn durch diese Haltung in eine Rolle, in der er die Grobheiten seines eigenen Vaters nachahmte, zumal er keine andere Art von Männlichkeit in seiner Kindheit erlebt hatte; denn auch der Großvater war durch solche Primitivität geprägt. Er seinerseits hatte seine Frau durch dieses Verhalten von infantilen Ansprüchen gepaart mit brutalen Durchsetzungsmanövern in die frühere Rolle der Vater-Tochter-Beziehung hineingeführt, die ohnedies einer Auflösung bedurfte.

Gegensätze ziehen sich an

Oft wird die Frage gestellt: Können Gegensätze anziehen, und wie ist die Gegensätzlichkeit in der Ich-Du-Beziehung zu bewerten? Zunächst können wir sagen: Im allgemeinen sind Gegensätze anziehend. Man erlebt im andern etwas Neues, erfährt über den Kontakt Anregung, Hilfe, neue Möglichkeiten und ist überrascht von dem Neuen und Andersartigen, das auf einen zukommt. Auf die Dauer jedoch – vor allem dann, wenn es sich um grundsätzliche Unterschiede zwischen zwei Menschen handelt – wirken sich Verschiedenheiten anders aus. Sie können zu gefährlichen Reibungen führen, während das Gleiche oder Ähnliche, das in zwei Partnern wirksam ist, auf lange Sicht eine Ehe mehr sichert und größere Chancen für ihre Haltbarkeit bietet, weil weniger Krisen zu erwarten sind. Eine verbindliche Beziehung wie eine Ehe kann im Grunde nicht bestanden werden, wenn nicht wenigstens in einigen Bereichen Übereinstimmung vorhanden ist. Man denke nur an das beglückende Erlebnis, in einem Partner Gleiches zu beobachten, etwa Übereinstimmung im Geschmack, gleiche Weltanschauung, Lebenswünsche und -erwartungen gleicher Art, einen ähnlichen Lebensstil, gleiche Interessen und Neigungen. Dies ist immer wieder Anlaß zur Bestätigung seiner selbst und zu tieferem Verständnis des andern.

Das schließt jedoch keineswegs aus, daß in der Regel das Gegensätzliche leichter zueinander findet, und wir können das aus der Psychologie auch erklären. Der Mensch möchte seine eigene Unvollkommenheit durch einen anderen Menschen ergänzen. Er will die Funktionen, die er selbst wenig entwickelt hat, mit denen er wenig agieren kann, beim Partner miterleben und daran teilhaben. Denken wir nur an die alltäglichen Beispiele: Der eine ist kontaktfreudig, bekommt leicht und überall Freunde und kann rasch Verbindungen knüpfen. Ein solcher Partner ist für einen kontaktscheuen Menschen eine große Chance. Der Extravertierte bringt einem Introvertierten unendlich viel Abwechslung, verschafft ihm neue Entfaltungsmöglichkeiten und reißt ihn mit in ihm sonst verschlossene Situationen. Dieser lernt die Fähigkeit, am anderen teilzuhaben, und erfährt dadurch, wieviel die Welt ihm bieten kann, welche Vielfalt des Erlebens dem einzelnen geboten ist.

Der Extravertierte ist nach außen gewandt, ist der nach außen lebende Mensch, der viel an der Um- und Außenwelt teilnimmt. Der Introvertierte ist der nach innen gerichtete, »verinnerlichte« Mensch, der oft gar nicht aus sich selbst herausfindet. Solche Gegensätze ziehen einander deshalb an, weil der eine durch den andern tatsächlich Ergänzungserlebnisse bekommt, mindestens in der Form des Teilhabens. Ein Extravertierter, der mitteilsam ist, viel erzählen und viel von sich berichten muß, tut einem stillen, feinfühligen, aufnehmenden, einem introvertierten Zuhörer gut, der seinerseits gerne teilnimmt und bereit ist, mitzufühlen und mitzudenken.

Oft erleben wir jedoch, wenn eine Ehe so unterschiedlicher Partner die ersten Jahre hinter sich gebracht hat, daß die Gegensätze, statt wie früher den Ehepartner zu fördern, ihn enttäuschen und zu quälen beginnen. Der nach außen gewandte, mitteilsame Mensch wird erschöpft und erwartet Antwort und Aktion vom andern, die dieser als Introvertierter nicht geben kann. An ihn werden dann Erwartungen gestellt, zu deren Erfüllung er unfähig ist. Damit beginnen die Enttäuschungen. Der

Introvertierte wird im Laufe der Zeit durch das Nach-außen-Leben des Partners so strapaziert, daß er sich immer mehr zurückzieht und zunehmend einer inneren Verarbeitung und der Ruhe bedarf.

Was zunächst Ergänzung und Anregung war, wird auf die Dauer in einer Ehe, in einer über Jahre hingehenden Verbindung, sehr problematisch und nicht nur positiv zu werten sein. Zum Guten wenden sich diese Unterschiede nur dann, wenn die einzelnen Partner, und zwar beide, ein hohes Maß an Toleranz haben, wenn beide gewillt sind, sich in Geduld am andern zu üben, und wenn beide auch den Mut zur Eigenständigkeit bewahren, also beide ihre eigene, echte, gesunde Art vertreten können und keiner auf Kosten des andern abgewertet wird. Sie werden dann auch versuchen, Lösungen zu finden. Entscheidend ist dabei der Wille, nach solchen Möglichkeiten zu suchen, die beiden entsprechen und beiden Hilfestellung bieten. Auf diese Art und Weise ist es möglich, daß sehr verschieden geartete Partner aneinander reifen, sich weiterentwickeln und tatsächlich eine Ergänzung aufbauen, die von innen her kommt und nicht nur äußere Teilhabe am andern ist. Schwierig wird es, wenn nur gewisse Teile an einem Partner geliebt und akzeptiert werden und wenn es nicht gelingt, den *ganzen* Menschen, der zu dieser Art und diesem Teil, zu diesem geliebten und akzeptierten Teil der Persönlichkeit gehört, anzunehmen. Wer eine treue, verbindliche, ernsthafte Persönlichkeit liebt, darf nicht enttäuscht sein, wenn dieser geachtete und geliebte Mensch zum Beispiel an Fasching keinen Zauber entfachen, nicht ausgelassen und fröhlich sein kann, so wie es vielleicht andere oder frühere Freunde, die man ebenfalls gerne mochte, konnten. Wer alles an einer Person sucht, wer auch das Gegenteil dessen will, was der andere ist, wird immer das Unmögliche wollen und kann darum nicht den andern bejahen, kann im Grunde auch keinen echten Partner finden.

Sehr verbreitet ist heute die Angst vor einer verbindlichen Entscheidung. Man sucht die vollkommene Frau, die alle Gegensätze in sich vereinigt. Sie soll zum Partner stehen, sie soll mit ihm für seinen Beruf und für seine Persönlichkeit leben und arbeiten, fühlen und dasein. Sie soll häuslich sein und Kinder aufziehen können, sie soll auch Repräsentationsobjekt sein. Sie soll mit Sexualität imponieren, aber doch nicht mit einem andern davonlaufen. Es wird immer das eine wie auch das andere in ein und derselben Persönlichkeit gesucht. Das sind unerfüllbare Ansprüche, die von einem hohen Grad von Unreife zeugen.

Wer beides will, auch das Unvereinbare, muß zwangsweise Niederlagen erleben. Es sind die ewig am andern Enttäuschten, weil sie nicht nur vom Menschen und Menschsein nichts wissen, sondern auch selbst altersgemäße Realitätswahrnehmung nicht zu leisten vermögen. Sie stellen Anforderungen an den andern, die in all ihrer Übertreibung und Gegensätzlichkeit eben nicht zu erfüllen sind. Solche Menschen haben auch von sich selbst falsche Vorstellungen und sehen ihre eigenen Grenzen nicht. Ein Merkmal des Erwachsenseins ist, wieweit wir die Grenzsetzungen der Realität nicht nur wahrnehmen, sondern auch psychisch annehmen können und damit umzugehen lernen. Für Kinder und neurotisch gestörte Menschen ist Wirklichkeit viel stärker frustrierend als für einen gesunden erwachsenen Menschen.

Darum müssen wir lernen, darüber nachzudenken: Was wollen wir, was ist uns auf die Dauer wesentlich und wichtig, was ist entscheidend und was ist zweitrangig? Suche ich zum Beispiel Kameradschaft oder anregendes Zusammenleben in einer Ehe, oder erwarte ich Rücksichtnahme, Anpassung des andern oder Geborgenheits-Erlebnisse? Suche ich soziales Prestige, Wirkung nach außen und Anerkennung, oder suche ich Vergnügen und amüsante Erlebnisse? Immer müssen wir uns darüber klarwerden, was für uns bedeutsam ist, wo wir die wesentlichen Akzente für unser Leben sehen.

Verführung durch Schwäche

Von gleicher Wichtigkeit ist, daß eine Ehe, überhaupt jede verbindliche Beziehung in gegenseitiger Freiwilligkeit eingegangen wird. Sobald Erpressung oder Zwang in irgendeiner Form vorkommt, ist größte Vorsicht geboten. Ich erinnere mich an etliche junge Menschen, die durch Selbstmord-Androhung zu einer Beziehung mit dem andern gebracht werden sollten, und ich werde immer wieder an die Antwort eines Mädchens erinnert, das sagte: »Wenn dieser junge Mensch ohne mich nicht leben kann, wenn ich sein Lebenssinn bin, wenn ich das alles sein soll, dann stimmt etwas nicht, dann bin ich überfordert; ich vermag das nicht zu leisten, es ist eine Täuschung dieses Menschen.« Sie brachte ihn dann zu einer Beratung mit, und wir versuchten, dieses Problem anzugehen.

Für viele ist eine solche Situation, in der der eine ausdrückt, ohne den andern nicht leben zu können, eine ungeheure Verführung. Wer in seinem Leben wenig Selbstbestätigung erfahren, nie erlebt hat, daß er für einen andern Menschen wichtig und notwendig ist, kann in solchem Zusammenhang zu Schein-Befriedigungen verführt werden. Zweifellos wird dadurch, daß ein anderer ohne mich nicht leben will oder kann, meine Eitelkeit angesprochen. Es ist auch verlockend, nicht nur sich endlich gefordert und vom andern gebraucht zu erleben, sondern darin ganz allgemein eine menschliche Aufgabe, einen Lebenssinn zu vermuten. Es erfordert viel gesunde Klarsicht, sich durch solche Gefühle und Gedanken nicht verführen zu lassen. Denn man tritt damit unweigerlich in die Neurose des andern mit ein und ist dadurch nicht in der Lage, ihm Hilfe zu bringen. Man wird dadurch zum Co-Neurotiker. Ähnlich verläuft manche Beziehung mit Alkoholikern. »Wenn wir erst verheiratet sind, wird alles anders.« Ein Alkoholiker wird jedoch durch die Ehe nicht geheilt, vielmehr beginnt häufig nach einiger Zeit ein noch größeres Elend, weil Frau und Kinder mit einbezogen werden in den verhängnisvollen Ablauf.

Wo eine Partnerschaft oder Ehe erzwungen werden soll, muß nach den Gründen geforscht werden, die dahinterstehen. Ist es die Angst, keinen gleichwertigen oder überhaupt keinen Partner mehr zu finden, dann sind Insuffizienzgefühle, tief in der Persönlichkeit begründetes Verzagtsein die Motive zur Anklammerung. Mit Liebe hat dies nichts zu tun. Mangel an Mut zu neuer Partnerschaft und Umklammerungsversuche dürfen nicht mit Treue und Zuneigung verwechselt werden. Über die gegenteilige Angst, die ebenfalls Zwänge auslöst, die

Flucht vor der Verantwortung und Bindung, wird noch die Rede sein.

Ein anderes, häufig beobachtetes Motiv einer Verbindung ist, daß der eine Partner von den Schwächen des andern angezogen wird und dies als Zuneigung interpretiert. Der Verstand würde die nüchterne Wirklichkeit sehen und feststellen: Er ist ein Versager – er neigt zum Trinken – sie ist labil und hält nirgends durch – sie verpraßt ihr Geld und liebt nur sich selbst – er ist brutal und egoistisch. Die Erkenntnis aber, daß bei dem Menschen unserer Zuneigung etwas nicht in Ordnung ist, und zwar etwas, was eine Dauerverbindung nicht ohne heftige Einbuße an Harmonie und nicht ohne starke Krisen gewährleisten würde, wird verdrängt. Wenn ein solcher gestörter Mensch entgegen der Erkenntnis und Vernunft geheiratet wird, so müssen wir uns fragen, wie das möglich ist.

Es gibt Menschen, die unbewußte Zwänge vollziehen und sich unbewußt Bestrafungen für verdrängte Schuldgefühle wählen. Sie laden sich immer wieder Leiden und Belastungen auf, denen der intakte Mensch ausweichen würde. Dadurch sollen Schuldgefühle aufgearbeitet werden. Sie huldigen unbewußt dem »Ideal«, sie müßten Leiden ertragen, empfinden sich dabei als edel und erhoffen sich dadurch Wert- und Selbstbestätigung.

Es gibt aber auch Fälle, in denen ein solch gestörter und nicht intakter Partner gewählt wird, weil der andere – diesem minderwertigen Menschen gegenüber – sich selbst als vollwertig und überlegen fühlt. Dieser muß dann in irgendeiner Form, an irgendeiner Stelle schwächer sein. So kann ein materiell Schwacher gewählt werden, damit der andere an ihm und an seiner Situation erfährt, wie überlegen er ihm auf diesem Gebiet ist und wie er sich diese Überlegenheit zunutze machen kann. Wird ein Hilfsbedürftiger als Partner ausgesucht, ist nicht immer eine echte menschliche Anteilnahme das Motiv.

Wir müssen lernen, unseren vermeintlich karitativen Haltungen gegenüber äußerst kritisch zu werden. Was allgemein und bei oberflächlicher Betrachtung altruistisch anmutet, ist es nicht immer. Herr R., der ein wohlhabender Mann ist und ein Mädchen aus ganz einfachen Verhältnissen geheiratet hat, wurde in seinem Dorf darum als edel und weniger besitzgierig angesehen als die Großbauern, die immer noch mehr dazubekommen wollten. Zweifellos gibt es Menschen, die sich aus solchen Familiengepflogenheiten der Besitzrafferei befreien. Bei Herrn R. war dies jedoch nicht so. Er hatte das totale Besitzenwollen auf das psychische Gebiet verlagert. Durch seine »Großtat«, daß er nämlich seine Frau als armes Mädchen geheiratet hatte, glaubte er Anspruch auf völlige Unterwerfung und stete Dankbarkeit zu haben. Bei jeder Gelegenheit ließ er und ließ es seine ganze Familie deutlich werden, daß seine Frau froh sein mußte, eine G. zu sein. In jedem Streit wurde die Gelegenheit gesucht, ihr zu sagen: »Was wärst denn du...« Sie hat viele Jahre gebraucht, bis sie so stark war, um ihm wie auch seiner Familie hierauf eine entsprechende Antwort geben zu können.

Die Ehe ist aber keine karitative Institution. Diese Auffassung wäre ein Mißbrauch der Ehe und ein Mißbrauch der Partner. Darum werden derartig begründete Verbindungen in der Regel äußerst problematisch. Solange keiner der Beteiligten diese Konstellation durchschaut und nicht beim einen oder anderen Entwicklungschancen eintreten, die diesen Zustand in Bewegung versetzen, mag es zunächst gutgehen. Das ist möglich, wenn jeder auf seine Weise eine Befriedigung erfährt. Entwickelt jedoch auch nur einer der beiden ein gesundes Verlangen nach lebendiger Auseinandersetzung und nach innerem Wachstum, ist eine erhebliche Störung der gegenseitigen Beziehung unvermeidbar. Wird zum Beispiel der Masochist freier und vitaler und löst er sich von seinem neurotischen, selbstquälerischen Bedürfnis, dann löst sich auch die vermeintliche Zuneigung auf, und der Partner wirkt plötzlich lästig und sogar abstoßend. Es gibt Ehen, die in dem Augenblick in Krisen geraten, in dem einer der Partner aus seiner Schwierigkeit herausfindet. Ich erinnere mich an Ehepaare, bei denen die Frau immer dann krank wurde, wenn der Mann dank ihrer Hilfe aus seiner Krise gesundete. Dies kann eine Berufskrise, eine Krisensituation im Anschluß an eine frühere Beziehung oder die Folge einer Elternhausproblematik sein. Wenn solche Schwierigkeiten überwunden waren und der Mann zu sich selbst gefunden hatte, fühlte sie sich nicht mehr als die Überlegene, als diejenige, die Hilfestellung leisten kann und darum notwendig gebraucht wird. Oft zeigt sich plötzlich, daß der Mensch, der bisher helfen wollte, selbst so schwach ist, daß er Angst hat, mit einem gesunden, starken, ganz normalen und nicht gestörten Partner zusammenzuleben, ihm zu begegnen und ihm Partner zu sein.

Die Entscheidung

Zuweilen wird die Frage gestellt, ob man von seinem Verstand oder von seinem Gefühl her sich für einen Partner entscheiden soll. Zweifellos muß beides positiv angesprochen sein. Man kann nicht mit dem Gelingen einer Verbindung und einer Ehe rechnen, wenn eines von beiden dagegen spricht. Wenn der Verstand dagegen spricht, dann ist es ein Zeichen dafür, daß wir vom Unbewußten her blind gesteuert in eine Partnerrolle hineingehen und nicht bereit sind, eine Klärung anzustreben. In solchen Fällen sind wir affektiv, unbewußt bedrängt, werden getrieben und wissen nicht wohin. Wenn unser Gefühl dagegen ist oder überhaupt kein Gefühlsanteil für diese Partnerschaft spricht, müssen wir annehmen, es ist nackte Berechnung. Das wäre Mißbrauch des andern und rächt sich im Verlauf der Jahre, manchmal schon früh. Will ich den andern zu einem bestimmten Zweck für mich gewinnen, dann entwürdige ich ihn zu einer Sache, die ich haben möchte. Auf die Dauer aber ist es mühsam, gegen das Gefühl oder auch nur ohne Gefühlsreaktion und Gefühlserleben sein Dasein zuzubringen. Man wird dabei unweigerlich arm, leer und einsam, selbst wenn man häufige und wechselnde Kontakte hat. Auch äußerer Wohlstand in Hülle und Fülle vermag nicht zu ergänzen, wenn innerer Bezug fehlt.

Man darf jedoch nicht verwechseln, was mangelnder emotionaler Kontakt und inneres Nahesein ist und in welchem Fall es sich um Gefühlslabilität handelt. In diesem Fall ist man von Teilbereichen der Persönlichkeit des Partners angezogen und gefühlsmäßig beteiligt. Zugleich aber melden sich nüchterne

Wahrnehmungen, und der Verstand zieht daraus seine Schlüsse. Dies beginnt dann, wenn die Verliebtheit und die damit verbundenen Projektionen auf den andern abklingen und der Prozeß einsetzen will, da wir uns mit der Wirklichkeit des andern auseinandersetzen müssen. Auch hier hilft uns nur die Mühe, uns nicht zu scheuen, bewußter zu werden. Vielen hilft zur Klärung, sich alle Plus- und Minuspunkte zusammenzutragen und über Wochen hin auf einer Seite die positiven Merkmale und Ereignisse und auf einer andern Seite die negativen Tatsachen zu notieren. In acht Wochen sieht man schon an der jeweiligen Menge der Beobachtungen und Notizen, was überwiegt. Mit solch kleinen Hilfsmitteln läßt sich auch Kompliziertes besser lösen, weil uns im Niederschreiben vieles faßbar und sichtbar wird, vor allem dann, wenn dies über Wochen hin und nicht allein aus dem Augenblick heraus geschieht. Mit der Plus-Minus-Feststellung lernt man, seine Wahrnehmung in psychischen Abläufen zu schärfen und sachlicher zu urteilen. Bald findet man heraus, was einen eigentlich am andern anzieht, womit er uns anspricht, und vor allem lernen wir bei uns selbst erkennen, worauf wir reagieren, in welchen Bereichen wir besonders anfällig sind, im Guten wie im Schlechten. Die bewußte Beobachtung über längere Zeit verhilft mit ihren stichwortartigen Aufzeichnungen auch zur Kontrolle unserer eigenen Bewertungen und Stellungnahmen. Nach acht Wochen liest sich manches anders, was man damals vielleicht aus Empfindlichkeit heraus überbewertet hat oder in aktueller Freude wichtiger nahm, als es im Grunde war. Wichtig ist zu erkennen: Überwiegen für mich in dieser Beziehung jene Teile der Partnerpersönlichkeit, die mir fremd und nicht verständlich sind, die mich unter Umständen sogar belasten oder abstoßen, oder ist dies ein kleiner Teil, der nur selten in Erscheinung tritt, so daß unser eigentliches Miteinandersein dadurch nicht gestört wird? Von ganz großer Bedeutung ist auch dies, ob ein Partner zum offenen Gespräch bereit ist über solche Probleme und ob er lernwillig und lernfähig ist. Wer nichts dazulernen will, ist als Partner immer fragwürdig.

Suche nach dem Vollkommenen

Wie ist es möglich, daß Menschen auf Partnersuche sind und dennoch nie den Partner finden, mit dem sie wirklich zusammenleben könnten? Hier steht zunächst einmal das Vollkommenheitsstreben der Verwirklichung im Wege. Wer den Partner als Übermenschen und als vollkommenen Menschen sucht und wünscht, wird natürlich nie einen solchen Menschen finden und kann mit Sicherheit damit rechnen, daß er ohne Bindung an einen Partner leben muß. Solche Vollkommenheitssucher sind tief enttäuscht, verärgert und erschüttert über Kleinigkeiten, die sie beim andern entdecken und die nicht ihren Wunschvorstellungen entsprechen.

Ein Analysand konnte in einer Situation zärtlicher Begegnung plötzlich von seiner Partnerin abgestoßen werden, wenn er etwa ihren Ellbogen oder ihre Brust anders fand, als es seinen Idealen entsprach. Er war ein kluger und gebildeter Mensch, der jedoch den leiblichen Bezug zum andern und die menschliche Nähe erst aushalten und neu erlernen mußte. Darum fand er immer wieder Kleinigkeiten und Äußerlichkeiten ästhetischer Art, die ihn abstießen, das heißt, die ihn abhielten, sich mit dem andern Menschen einzulassen. Davor hatte er im Grunde Angst, zumal er schon negative Erfahrungen mit Frauen und in der ersten Beziehung zu seiner Mutter hinter sich hatte. Seine Erfahrung lautete: »Sieh dich vor! Ehe du dich versiehst, hängst du dein Herz an ein weibliches Wesen, und dann bist du ausgeliefert wie damals als Kind. Darum mußt du nun nach dem Vollkommenen suchen, dem Überirdischen.«

Eine Patientin lebte in täglicher Enttäuschung und brachte sich mit ihren drei Kindern und ihrem Mann kaum durch die Tage, weil sie im Grunde ihres Herzens so, wie alles war, nicht leben wollte. Sie war von ihrer Ehe, ihrem Mann tief enttäuscht, weil er nicht das brachte, was sie erwartete. Er sollte sein wie ihr Vater, der immer mit Schwung und Ideen nach Hause kam, der bei allem zupackte und die etwas depressive und lahme Mutter mitriß und mittrug. Diese Patientin wollte auch in dieser Weise getragen sein. Sie verweigerte nun hartnäckig, ihren eigenen Anteil zu leisten, etwas vom Vater in sich selbst zu entwickeln, um damit frei und unabhängig leben zu können. Wer bei der Enttäuschung stehenbleibt, verweigert seinen nächsten Schritt nach vorn, drückt sich um die kritische Stellungnahme zu sich selbst.

Wie alles hat auch das Streben nach Vollkommenheit, nach dem Guten und Rechten seinen Doppelaspekt. Ohne dieses dem Wesen Mensch tief eingewurzelte Anliegen würde die Dynamik zu vielen Lebensprozessen fehlen, würden wir als kulturschaffende Wesen in Frage gestellt und damit unser Menschsein schlechthin. Es gehört zu unserer Natur, uns nicht mit dem von uns Vorgefundenen abzufinden, vielmehr die Welt formend und gestaltend anzugehen. Beim gestörten Menschen wird die Suche nach dem, was den Menschen und die Welt verbessert, pervertiert. Der Kontakt zum Wirklichen ist ganz schwach, die vorgegebene Realität in ihrer Unvollkommenheit ist zu spannungsgeladen und darum unerträglich. Das Verlangen nach der Wunsch- und Scheinwelt wird immer größer. Dann kann ich die andern Menschen, meine Kinder, meinen Partner, nicht sehen und annehmen, wie sie sind, vermag all das vorhandene Positive nicht wahrzunehmen, vielmehr sehe ich nur das Defizit im Hinblick auf meine Vorstellungen. Wer mit der Realität schlecht zurechtkommt, zeigt dies auch in banalen Dingen. Zum Beispiel muß die Wohnung übertrieben sauber, aufgeräumt und immer so sein, als käme hoher Besuch. Die Räume, in denen man lebt, müssen Schaufensteratmosphäre haben, also Zur-Schau-Stellung des Vollkommenen vorspiegeln im Gegensatz zur Lebenswirklichkeit. Die Küche muß stets aufgeräumt und alles in Über-Ordnung sein, so daß Kinder an einem Nachmittag, wenn es regnet, nicht darin kochen und backen können. Das Leben wird bei den krankhaften Vollkommenheitsstrebern immer in irgendeiner Weise gestoppt und eingeengt, weil nicht das Lebendige geliebt und bejaht wird, sondern der tödlich anmutende Schein ästhetischer Vollkommenheit.

Wer diese Vollkommenheitsansprüche an den Partner stellt, sei es im Hinblick auf dessen Äußeres oder auf seine Art zu sein, kommt immer auch mit sich selbst nicht zurecht, weil er von seiner eigenen Wirklichkeit und seiner Art kaum etwas weiß. Meistens ziehen diese Menschen nicht den Schluß, zu fragen, ob sie selbst einem solchen vollkommenen Menschen Partner sein könnten, das heißt, ob sie selbst solchen Vollkommenheitsansprüchen entsprechen und gerecht werden könnten. Weil es etwas im Grund Unmögliches ist, einen vollkommenen Partner zu finden, ist es auch ein Vorwand und ein Motiv für die, die im tiefsten Innern die Partnerschaft gar nicht suchen. Es ist eine Ausrede vor sich und vor den andern, ein Motiv, eine Rationalisierung, die man sich vorgibt als Grund, nicht in eine Ehe eintreten zu wollen oder zu können.

Bindungsangst

Die Ausgangsbais zu solchen Abwehrreaktionen ist von Fall zu Fall verschieden. Häufig steht dahinter eine Angst, die auf frühe Erfahrungen mit ersten Beziehungserlebnissen zurückgeht. Wer sich in eine Beziehung einläßt, wer zu lieben wagt, ist zunächst gefährdeter und weniger autark als der Beziehungslose. Lieben ist immer Wagnis, und der damit verbundene Reichtum, das Beschenktwerden durch die Hingabe an eine tiefreichende und innige Beziehung wird immer vorgeleistet. Nur dem werden alle Dinge zum Guten, der sich zu geben bereit ist. Die Lieblosen und Liebesunfähigen sind häufig Menschen, die keine geglückten ersten Beziehungen in der frühen Kindheit erleben durften.

Peter B. hatte eine Mutter, die allzusehr über ihre Kinder bestimmend waltete und deren Eigenentfaltung beeinträchtigte. Was nicht auf ihrer Linie lag, nicht ihren Vorstellungen entsprach, wurde als böse erklärt und war damit verboten. Peter B. kam darum durch seine kindliche Liebe zu seiner Mutter häufig zu Schuldgefühlen. Immer wenn er sich selbst leben wollte, geriet er mit ihr in Konflikt. Sie setzte in ihn allzu viele Ängste und Verbote und verwirrte ihn schon als Kind zutiefst. Wollte er nicht in die Sonntagsschule, war er ein böser Junge; war er an irgendeinem Bubenstreich beteiligt, schielte er nach den Mädchen – immer hatte sie etwas dagegen. Die erste Liebe und Zuneigung eines liebeswilligen Kindes hatte ihn in stete

Bevormundung und Abhängigkeit gebracht. Von dieser Erfahrung konnte er sich lange nicht lösen. Es vollzog sich bei ihm immer wieder derselbe Vorgang: Die Sehnsucht nach einer Partnerin, nach Zärtlichkeit, nicht allein nach Geliebtwerden, sondern auch danach, selbst aktiv liebhaben zu dürfen, führte zu Kontakten. Diese konnten jedoch nur kurze Zeit ausgehalten werden, weil immer wieder die alte Angst aufstieg: Wenn du dich erst so weit einläßt, daß das eigene Herz sich dem andern innig zuwendet, bist du vom andern abhängig, mußt du dich nach ihm ausrichten, wirst du bestimmt, wie es bei der Mutter war. Diese Form von Abhängigkeit erleben gerade die Menschen besonders stark, die sensibel sind, den andern gut wahrnehmen können und vor allem zu wenig Ich-Stärke entwickeln konnten. Die Mutter von Peter B. hatte bei ihrer Erziehungsmethode eine Identitätsfindung und die dazu notwendige Ich-Entwicklung gründlich behindert. Unbewußt war sich ihr Sohn darüber im klaren, weshalb er bei jeder Zuneigung, die über das oberflächliche Miteinander hinauszugehen drohte, Angst erlebte und um seine »Freiheit«, wie er es nannte, besorgt war.

Gertrud S. war in der ersten Liebesbeziehung mit der Mutter auch verletzt worden. Bei ihr war die Fehlentwicklung durch eine große Verwöhnung ausgelöst. Ihre Mutter liebte ihr Kind nicht als einen neuen Menschen, der er selbst werden muß, vielmehr war es ihr ein Liebesobjekt, an das sie sich hängen konnte, mit dem sie sich identifizierte. In der Liebe zu ihrem Kind verhätschelte sie sich selbst. Dieser Tochter wurde nie etwas abgeschlagen, es wurden keine Forderungen an sie gestellt, keine Mithilfe, keine Mitarbeit im Familiengeschehen erwartet. Sie war Mutters kleine Prinzessin, an der sich die Mutter verlustierte und die im Grunde als Mensch mißbraucht wurde. Gertrud S. fühlte unbewußt, daß es gefährlich sein kann, geliebt zu werden, wenn man selbst nicht als eigenes Ich zu reagieren vermag. Außerdem ahnen solche Verwöhnten, daß in einer menschlichen Beziehung auch etwas von ihnen verlangt werden könnte, daß sie selbständig und erwachsen werden müßten, daß eine neue Weltbegegnung stattfinden muß, der sie sich aus ihrer infantilen Verwöhnungs-Abhängigkeit heraus nicht gewachsen fühlen. Gertrud S. ließ sich von Männern gerne umwerben, bewundern, beschützen, zog sich jedoch immer zurück, wenn eine verbindliche Zweierbeziehung oder gar eine Ehe zu vollziehen war. Dies kam den unbewußten Wünschen ihrer Mutter ganz entgegen. Keiner der Freunde war es wert, von ihrem Kind geliebt zu werden. Nur sie, die verwöhnende Mutter, war in der Lage, ihre Tochter zu verstehen und ihr gerecht zu werden. Auf diese Weise hielt sie diese in totaler Abhängigkeit nach dem Motto: »Nur ich weiß, was du brauchst, nur ich verstehe dich.« Dahinter stand als Zusatz unausgesprochen: »Ich tue alles für dich, opfere mich für dich auf. Du kannst allein nicht leben und mußt bei mir bleiben.« Die Vorspiegelung einer liebevollen Scheinwelt hindert den Verwöhnten, der wirklichen Welt zu begegnen. Er krankt darum immer an mangelhaftem Realitätsbezug. Verleugnung der Realität ist bei vielen Neurosen ein wesentlicher Bestandteil.

Es gibt viele, die immer wieder auf Partner stoßen, die keine verbindliche Beziehung wünschen, die sich mit Kurzkontakten und bequemen Oberflächenbeziehungen zufriedengeben. »Längst hätte ich geheiratet, wenn ich einen Mann gefunden hätte, der zu einer Heirat bereit gewesen wäre. Meine Freunde wollten dies nie...« Hier ist nur hinzuzufügen: »...und sie auch nicht.« Denn man sucht unbewußt sich den Partner aus; wir nehmen unbewußt viel mehr Auswahl vor, als wir denken. Wir müssen uns darum immer wieder fragen: Warum habe ich mir diesen Partner, diese Partnerin ausgesucht? Was war es wohl, was mich unbewußt anzog? Die vordergründigen Rationalisierungen, etwa hübsche Beine oder »mein Typ« usw., verbergen dahinterliegende Motivationen. Fräulein X. wurde mehrmals von Partnern verlassen, mit denen sie in einer eheähnlichen Weise zusammenlebte. Immer waren es Männer, bei denen andere Frauen sehr wohl witterten, daß es mit ihnen nur eine vorübergehende Bekanntschaft sein würde. Fräulein X. verdrängte diese Erkenntnis und fühlte sich von diesen Freunden schlecht behandelt, wenn sie sie nach einiger Zeit verließen. In Wirklichkeit suchte sie Männer, die im Unverbindlichen blieben, weil sie sich mehr nicht zutraute und Angst hatte vor einer Beziehung, die auch Forderungen stellte.

Eine andere Gruppe muß noch gezeigt werden. Es sind jene, die immer nur dann lieben zu können glauben, wenn der andere, das Du, das man sich wünschen würde und mit dem man sich in eine Ehe einlassen könnte, bereits gebunden ist, entweder verlobt oder verheiratet, oder mit einem anderen Partner verbindlich zusammengehört. Auch sie, die immer wieder an den bereits festgebundenen Partner geraten, suchen sich mit unbewußter Sicherheit derartige Beziehungen nur aus, weil sie im Grunde, nämlich vom Unbewußten her, die Ehe gar nicht wünschen. Damit ist eine scheinbare Begründung gegeben, nicht heiraten zu müssen. Dies kann sogar noch idealisiert werden, indem man »edel zurücktritt«. Das moralische Motiv ist dann vorhanden. Von Frauen, die sich zu keiner Ehe entschließen konnten, hört man zum Beispiel von der Freude an einer großen Liebe, auf die man verzichten mußte, weil der andere gebunden war. Wir können uns auch da noch die schönsten Idealisierungen und Ethisierungen zurechtzimmern, wo wir versagen. Immer aber ist das Motiv dasselbe: Ich will nicht heiraten, womit im Grunde gemeint ist: Ich kann nicht heiraten, das heißt: Ich bin nicht fähig, mich mit einem anderen Menschen, mit einem Partner zu verbinden.

Der Grund für diese Abwehr und Ablehnung ist in der Regel die Angst vor einer verpflichtenden Bindung und vor der Verantwortung. Dahinter stehen als auslösende Momente entweder unverarbeitete Erlebnisse, die schon aus den Elternbeziehungen stammen können, oder seelische Unreife, Labilität und die Unfähigkeit, erwachsen zu sein. Eine Angst übrigens, an der heute sehr viele Menschen leiden. Von ihnen selbst werden ihre Verhaltensweisen natürlich anders gedeutet: als Drang nach Freiheit. Aber eine so verstandene Freiheit ist pubeszentenhaft, jugendlich. Die Freiheit des Erwachsenen, des reifen Menschen fragt immer: Wozu will ich frei sein? Seine Antwort: zu einem selbstgewählten Einsatz, zu einem freiwillig ergriffenen Engagement, zu einer Bindung, um in der Gemeinsamkeit etwas zu realisieren und um über das eigene Ich hinaus zu erleben. Freiheit ist nie Selbstzweck. Dagegen ist Mißbrauch der Freiheit immer ein Zeichen von Unreife, das man im allgemeinen dem jugendlichen Dasein zuschreibt.

Hinter der Angst vor Bindung und Verantwortung können auch Minderwertigkeitsgefühle als Ursache erkannt werden, häufig sogar das berechtigte Gefühl, man könne sich eine Ehe nicht zutrauen, weil man tatsächlich noch zu infantil ist, um erwachsener Partner, um dem Erwachsenen ein Du zu sein. Dieses richtige Gefühl bewirkt die Angst vor Hingabe und vor echter Du-Beziehung. Die Motive hierzu sind verschieden. Einige Beispiele mögen dies zeigen:

Ein Mädchen, das im Kleinkindalter oder in der Jugendzeit vor seinem Vater Angst haben mußte, das den Vater so erlebte, daß es selbst oder die Geschwister oder auch nur die Mutter ihn fürchten mußten, das also den Vater bedrängend und beängstigend, als eine Last für die Familie oder für einzelne Familienmitglieder erlebte – ein solches Mädchen kann später in jedem Mann einen so gearteten Vater vermuten und fürchten. Dieser Mann kann im Beruf, vor Fremden oder in anderweitiger Umgebung durchaus ein vernünftiger Mensch sein, der sich anzupassen vermag; dennoch wird das Mädchen in einer privaten und intimen Beziehung zu ihm eben doch immer wieder den »bedrückenden Vater« fürchten.

Bei einem Sohn kann die Mutterbindung so störend und beängstigend werden, daß sie in ihm Angst vor Frauen und im besonderen Angst vor der Bindung an eine bestimmte Frau auslöst. War die Mutter zwar aufopfernd in der Sorge für ihre Familie, aber intolerant, besitzergreifend, absolut in ihren Anschauungen, löste sie im Sohn unbewußt eine Angst erzeugende Mutterbeziehung aus.

Das Erlebnis einer schlechten Elternehe voller Streit und Haß kann Kinder später so weit bringen, daß sie einer Ehe aus dem Wege gehen, um ähnliche Situationen zu vermeiden. Mädchen, die ihre Mutter in untergeordneten Rollen, zwar als gute Hausfrau, aber als Sklavin des Vaters, der Kinder und des Haushalts erlebt haben, können sich nicht dazu entschließen, die Rolle einer solchen Frau zu übernehmen, und sind oft außerstande, sich vorzustellen, daß sie selbst eine andere Ehe aufbauen könnten. Darum verzichten sie lieber auf eine eheliche Bindung. Auch wenn die aufopfernden Mütter ethisch glorifiziert und zum Beispiel am Muttertag hoch geehrt werden, oder wenn man vom Vater immer wieder hört, wie gut und lieb die Mutter sei, so kann dies nicht den Eindruck ausgleichen, der sich im täglichen Geschehen einprägt. Die Tochter wird sich, wie man immer wieder beobachten kann, nicht imstande fühlen, ein solches Maß an Aufopferung und Selbstentäußerung zu leisten. Ähnlich ist es bei dem Sohn, der seinen Vater stets überanstrengt und überarbeitet, mit Verdienst und Prestige überfordert erlebt. Er wird sich in der Regel weigern, eine solche Vaterrolle zu übernehmen.

Dies fängt häufig damit an, daß diese Söhne und Töchter nicht in eine Ehe eintreten wollen und ihre vermeintliche Freiheit vorziehen – aus Angst vor dem, was aus ihren Erfahrungen heraus und in ihren Vorstellungen Ehe bedeutet. Aus einer Angst also, die die Erlebnisse der Kindheit geprägt haben. Auf diese frühe Weise »programmierte« Ängste sind oft größer als die Not des Alleinseins.

Wer intensive Begegnungen auf die Dauer vermeiden will, muß sich darüber im klaren sein, daß er sich den Auseinandersetzungen mit der Umwelt entzieht, die uns im persönlichen Bereich angehen und treffen. Dies bedeutet Verzicht auf wichtige Erlebnisse und Erfahrungen, die uns in Bewegung bringen, fordern und fördern, korrigieren und regulieren, neue Aspekte und bisher ungeahnte Möglichkeiten eröffnen. Natürlich kann man auch in einer Gemeinschaft leben, ohne sich einer engagierenden Begegnung zu erschließen. Man lebt dann in einem metallenen Panzer versteckt neben den andern her und ist bemüht, Abwehrmechanismen zu entwickeln, damit niemand an einen herankommen kann. Häufig gewählte Mittel dazu sind aggressives und angsterregendes Verhalten, die Flucht in eine Scheinautorität und in Erhabenheit.

Wer ist stark, wer ist schwach?

Aggressivität ist bei vielen ein Abwehrmechanismus, der ein schwaches Ich davor schützt, mit andern in zu nahen Kontakt und damit in natürliche und sachliche Auseinandersetzung zu geraten. Aus ihrer Schwäche heraus fühlen sie sich überall und in allem angreifbar, weshalb sie zu vorbeugenden Angriffskriegen übergehen. Sie suchen sich meist Partner, die sich durch ihr ruppiges Verhalten einschüchtern lassen, die ihr Geschrei beeindruckt und ängstigt, so daß Überlegenheitsgefühle beim Aggressiven erlebt werden können. Alle, die gerne beim andern Angst erregen, sich groß aufspielen und starke Überlegenheitsansprüche stellen, liegen auf dieser Verhaltenslinie. Man will sich als Autorität aufspielen, sich in erhöhende Rollen flüchten wie »Ich bin der Chef der Familie« oder »Ich bin der Mann und Herr im Hause« oder »Ich bin der Stärkere«. Wer sich nicht auch eimal als den Schwächeren erleben kann, wer im Zusammenleben allzusehr auf sein Prestige bedacht ist und immer »oben« sein muß, ist im Grunde eine schwache Persönlichkeit, die sich von andern, häufig noch Schwächeren, tragen und erdulden läßt. Zuweilen sind aber diejenigen, die sich solch einem aufgeblasenen Ich, das sich plustert und als Autorität gebärdet, unterlegen fühlen und sich auch so verhalten, doch noch ein wenig stärker als derjenige, der plagt und andere belastet. Die Dulder in der Welt leben immerhin nicht auf Kosten anderer, vielmehr können sie jene noch mit ertragen und aushalten, die auf Kosten der andern leben. Ob das Ertragen und Erdulden immer die richtige Verhaltensweise ist, weil dadurch der Plager noch in seinem Fehlverhalten unterstützt wird, darüber muß gründlich nachgedacht werden. Wer die Fehlreaktionen des andern ohne Antwort läßt und zu keiner Reaktion hinfindet, verstärkt dessen negative Verhaltensform. Wer mit seinem Gebrüll seine Frau einschüchtern kann wie ein Kind, erlebt seine Brüllerei als den richtigen Weg, sich durchzusetzen und sich dem erwachsenen Gespräch, dem Abwägen, dem Einfühlen zu entziehen. Wer zuviel Erfolg hat mit seinen Aufgeblasenheiten, wird dadurch selbst sehr gefährdet. Es ist darum nicht nur gesunder Selbstschutz, wenn wir reagieren, vielmehr gilt die Regel: Wer sich richtig verhält, sich selbst nicht demütigen und quälen läßt, gibt auch dem andern durch seine abwehrende Reaktion die Chance, sein Fehlverhalten zu erkennen. Das Maß einer angemessenen Selbstverteidigung ist zugleich auch das regulierende Prinzip, das im andern Impulse zur Selbsterkenntnis auslösen kann.

Es gibt Menschen, die sich immer nur dann engagieren und Liebe erleben, das Du nur dann finden können, wenn sie es einem andern wegnehmen. Sie müssen immer in eine bestehende Beziehung zwischen zwei anderen Menschen einbrechen und geraten dann in höchstes Engagement – so lange, bis sie diesen Partner von dem andern wegreißen können. Dann kann man oft beobachten, daß in dem Augenblick, in dem der andere bereit ist, seinen bisherigen Partner zu verlassen, die Zuneigung und die Liebe und der Wunsch nach einem gemeinsamen Leben abnehmen.

Viele Frauen und Männer haben überhaupt nur soviel Interesse am andern und erleben nur so lange ihre Verliebtheit, bis sie den Erfolg der Eroberung erlebt haben. Manche sammeln Eroberungen von Menschen und Sexualerlebnissen so, wie andere Briefmarken sammeln. Sie sind ununterbrochen auf der Suche nach Selbstbestätigung und Anerkennung, nach Bewunderung und nach dem Rausch der Verliebtheit, das heißt dem Genuß ihrer Projektionen. Weil sie sich hüten, das Unbewußte und Hintergründige ihres Tuns zu durchschauen, suchen sie nach vielen Rationalisierungen dafür. Dabei geht es immer um das gleiche, nämlich daß ein Mangel durch eine Fülle von kompensatorischen Erlebnissen ausgeglichen werden soll.

Wer jedoch immer in andere Beziehungen eindringen und einen Partner immer einem andern wegnehmen muß, hat häufig seine ödipale Phase nicht aufgearbeitet. Es ist wie eine unbewußte Rache an Vater oder Mutter, die einem den Besitz des gegengeschlechtlichen Elternteils eben doch nur teilweise gestattet haben. »Wenn Vater nicht wäre, könnte ich dich heiraten, und wir wären ganz für uns«, sagte ein kleiner Junge in dieser ödipalen Phase zu seiner Mutter. »Wenn Mutter einmal tot ist, und wenn ich groß bin, heiraten wir uns aber«, meinte ein kleines Mädchen. Manche Kinder verkraften die Realität, daß man den geliebten Vater, die geliebte Mutter teilen muß, recht schwer. Den Partner für sich ganz alleine haben, ihn einem andern wegnehmen oder aber ihn so sehr für sich selbst beanspruchen, daß man ihn am liebsten auffressen möchte, dies sind Zeichen ödipaler Ungelöstheiten. Häufig sind solche Menschen in moralischer Hinsicht etwas infantil und indifferent.

Freud behauptete, daß erst nach der richtig bewältigten ödipalen Phase ein voll ausgeprägtes Gewissen sich entwickelt.

Der erwachsene Mensch entwickelt in seiner Zuneigung nicht Besitzansprüche an den andern, vielmehr vermag er dessen Persönlichkeit und die dazu gehörende Freiheit zu respektieren. Liebe will zwar immer Nähe, doch darf der andere dabei nicht erdrückt und gefesselt werden. Es gibt auch Liebe, die die vorhandenen Bindungen eines andern Menschen respektiert. Die Unfähigkeit, Realität zu respektieren, Wirklichkeit zu verkraften und mit ihr zu leben, kennzeichnet das Kind, das in dieser Hinsicht noch am Üben und Lernen ist. Wenn blindes Besitzenwollen eine Zuneigung prägt, sind infantile Züge nicht zu übersehen.

Aus der Traumsymbolik dieser Menschen, die immer wieder nur Partner lieben, die sie einem anderen wegnehmen müssen, können wir feststellen, daß hier tatsächlich ödipales Geschehen im Unbewußten vorliegt. Mit diesem Verhalten werden Kindheitsmotive abreagiert und Racheakte verübt. In der Tat sind derartige Motive keine Voraussetzung für das Gelingen einer Ehe. Wie bereits erwähnt, ziehen sich diese Menschen von ihrem Partner zurück, sobald sie ihn besitzen und sobald jener entschlossen ist, zu ihnen zu stehen. Es gibt nicht wenige Menschen, die diesen Prozeß in ihrem Leben mehrmals durchführen müssen. Einige kommen dann zur psychologischen Beratung, weil sie meinen, vom Schicksal geschlagen und verdammt zu sein, immer wieder nur Partner zu finden, die sie – man kann sagen – dazu zwingen, sie zu erobern, und die nach der Eroberung ihre Bedeutung verlieren, wenn auch nicht immer sofort.

Liebe auf den ersten Blick

Schließlich noch ein Wort zur »Liebe auf den ersten Blick«. Wenn wir bei einer kurzen Begegnung unbewußt und rasch erfassen, wer zu unserem eigenen Verhalten paßt, und sofort erkennen, wo ein Gegenüber ist, auf das wir unmittelbar ansprechen, so nennen wir eine solche affektive Reaktion, die dieses

Erleben begleitet, »Liebe auf den ersten Blick«. Dann wird eine Entscheidung getroffen, die nur vom Unbewußten her und ohne Revision durch den Verstand und ohne reflektierende Stellungnahme des Bewußtseins vollzogen ist. Menschen, die in dieser Weise reagieren, die sich spontan und sicher sofort festlegen, sind im allgemeinen stark von unbewußten Kräften dirigiert und mitunter sogar fixiert. Sie sind nur mit Mühe dazu zu bewegen, sich zu revidieren und die Entscheidung neu zu prüfen. Sie wollen immer nur das bestätigt sehen, was sie im ersten Augenblick konzipiert haben und was von Anfang an für sie feststand. Sie betrügen sich aber selbst, weil sie nicht den Mut haben, bewußt und kritisch nachzuprüfen, ob es auch richtig ist, was sie tatsächlich angenommen haben und was sie so engagiert hat.

Zuweilen gibt es ein richtiges und schnelles unbewußtes Erfassen einer Lage oder eines Menschen. Aber es sollte nicht zum Prinzip gemacht werden. Vielmehr ist es ratsam, derartige Spontanentscheidungen über eine gewisse Zeitspanne hin kritisch zu prüfen. Das gilt gerade für diejenigen, die zu Spontanreaktionen und zu raschen Entscheidungen neigen. Gerade sie sollten sich prüfen, ob sie wirklich zur Revision bereit sind oder ob sie im Grunde nur das wahrhaben wollen, was sie zuerst erkannt zu haben glauben. In welchem Ausmaß bei den spontanen Sympathien unbewußte Wünsche und frühere Lebenserfahrungen mitspielen, wie oft solche Spontanentscheidungen auch zuweilen von kleinen Äußerlichkeiten bestimmt werden, darüber sind wir uns noch viel zuwenig im klaren.

Ein dreißigjähriger Mann hatte ein schweres Flüchtlingsschicksal hinter sich. Er hatte noch keine Partnerin für eine Dauerbeziehung gefunden und war menschlichen Kontakten gegenüber äußerst vorsichtig. All seine klugen Überlegungen, seine sonst vorhandene kritische Überprüfung, ehe er sich in Nähe und Kontakt einließ, wurden übersprungen, als er einer Frau begegnete, die ihn faszinierte und die er heiraten wollte, noch ehe er sie richtig kannte. Glücklicherweise wehrte sich jene junge Frau gegen solche voreiligen Entscheidungen. Vermutlich hatte sie unbewußt gute Wahrnehmungsfähigkeiten und ahnte, daß in seiner Liebe zu ihr etwas nicht in Ordnung war, obwohl hierzu äußerlich kein Anlaß bestand, denn er war liebevoll, zärtlich umsorgend und aufgeschlossen, wie man es sich als Frau nur wünschen kann. Durch einen Traum wurde dieser Mann aufgeklärt über das, was ihn unbewußt in diese Beziehung drängte, die fast wie ein Zwang anmutete, von ihm selbst jedoch für die Erfüllung jahrelanger Wünsche und Sehnsüchte und für die »große Liebe« gehalten wurde. Die aus dem Unbewußten stammende Mitteilung lautete: »Sie hat Fingernägel wie deine Mutter.« Als der Träumer die Hände der Geliebten bewußt betrachtete, stimmte dies tatsächlich. Er hatte seine Mutter sehr geliebt, hatte sie früh verloren und lebte seither in der Sehnsucht nach einer Symbiose, wie er sie als Kind mit seiner liebevollen Mutter beglückend und erfüllend erlebt hatte. Er hatte dieses Thema nicht bewußt aufgearbeitet. Daß die Dualunion, die Einheit in der Zweisamkeit einer geglückten Mutter-Kind-Beziehung nicht wiederholbar ist, daß die total vollzogene Zweierbeziehung zwischen zwei Erwachsenen nicht möglich ist, vielmehr hier eine ganz andere Form von Zweisamkeit gefordert wird, zu dieser Erkenntnis war er nie durchgedrungen. In seinem Beharren auf Wiederholung hatte er sich die Möglichkeiten zu neuer Ich-Du-Findung so stark reduziert, daß er in der ewigen Sehnsucht verblieb. Er lebte als ein nach rückwärts Gewandter, was immer bedeutet, im Vorwärtsleben behindert zu sein, Entwicklungen zu versäumen. Die Fingernägel der Freundin, dieser kleine Teil aus dem Bild der Mutter, aktivierten alle Hoffnungen auf symbiotische Wiederholung. In welche Belastungen und Enttäuschungen eine solche Ehe geführt hätte, das weiß jeder, der mit Eheberatung und mit Partnerschwierigkeiten zu tun hat.

Nun mag mancher Leser fragen: Wie ist einem solchen Menschen zu helfen? Durch die Tatsache des Wissens allein ist ein solcher, die Tiefenperson stark beherrschender Komplex nicht zu lösen. Wissen weist uns zwar auf die Problematik hin, aber es vermag allein nicht zu heilen. Die Zurücknahme des Mutterbildes in das eigene Innere bedeutet auch die Zurücknahme der Energie, die durch das Mutterbild besetzt und festgehalten war. Sich von der Mutter zu lösen kann man dadurch erlernen, daß man in sich selbst, im eigenen Innern das entwikkelt, was man als Kind und in der Abhängigkeit über das Mutterbild empfangen hat. Erlebnisse über die Mutterimago sind Erfahrungen der mütterlich-weiblichen Seinskräfte in der Welt. Zu ihnen gehören die Fähigkeiten der Gemütskräfte, die Teilhabe an der Welt und am andern über emotionale Differenzierung, Geborgenheitserlebnisse mit Hilfe emotionaler Hingabe, was auch Zugehörigkeit erleben läßt und damit schützt vor Isolierung und Vereinsamung. Der dreißigjährige Mann hatte dies zwar in der Symbiose mit der Mutter erlebt, hatte auch Gefühlsdifferenzierung entwickelt, jedoch vermochte er im eigenen Innern keine emotionale Hingabe an Mensch und Welt zu leisten, weil er das, was die Mutter für ihn darstellte, nicht im eigenen Innern entwickelt hatte. Er wollte dies weiterhin von außen empfangen wie die Kinder. Er selbst konnte sich keine Geborgenheit in sich selbst und in der Welt aufbauen, konnte weder sich selbst noch anderen mütterlich und umsorgend begegnen, er irrte wie ein Hilfloser und Suchender durch sein Leben und blieb trotz guter Berufserfolge, gutem Aussehen und guter Intelligenz ein einsamer Mensch, der an sich selbst litt, der in seinem eigenen Leben nicht heimisch werden konnte.

Voraussetzungen der Partnerschaft und Ehe

Ablösung von den Eltern

Wenn wir über die Tauglichkeit zur Ehe nachdenken, sollten wir davon ausgehen, daß wir in der Ehe eine Verbindung auf Dauer sehen. Mit ihrer Zielsetzung stellt sie die Forderung nach Verbindlichkeit und nach einem Aufgabenbewußtsein beider Partner. Wenn ich mit einer Freundin gemeinsame Erlebnisse habe, so weiß ich, daß ich mich in einer kritischen Situation notfalls zurückziehen und mich ohne größere Beschwerden aus dieser Beziehung lösen kann. Darin liegt der Unterschied zur Ehe; ihr Merkmal ist die verbindliche Partnerschaft, bei der man dem Unangenehmen und Schwierigen nicht ausweichen will und auch nicht ausweichen kann.

In den letzten Jahren liest und hört man immer wieder, daß sich die Ehe wandle, wir beobachten sogar, daß ihre Formen in Details variieren. Dennoch bleibt das Wesentliche der Ehe bestehen und konnte über all die Jahre hinweg nicht erschüttert werden – einfach weil in und mit ihr grundsätzlich menschliche Anliegen angesprochen sind. Auch in Zukunft wird das Leben des einzelnen wesentlich in der Ehe geprägt werden, seine Entwicklung und die der Kinder entscheidend durch die Ehe bestimmt sein. Obwohl man dies weiß, obwohl die wachsende Zahl der Scheidungen eigentlich dazu auffordern müßte und obwohl viel über diese Probleme gesprochen und geschrieben wird, wird dennoch nicht die logische Schlußfolgerung daraus gezogen, für die zwischenmenschlichen Beziehungen, für die Begegnung von Ich und Du mehr Einsichten und damit Hilfen zu vermitteln. Wir werden nicht im geringsten mit Erkenntnissen über Kontaktverhalten versehen und zur Soziabilität angeleitet. Was wir mitbekommen, sind die Erfahrungen der Kindheit und das Leitbild der Eltern. Wie schon an anderer Stelle gesagt, heißt dies aber lediglich, daß wir die ganze Problematik und alle Ungelöstheiten vorangegangener Generationen mitschleppen – ohne Hinführung zu besserem Verstehen und bewußterem Handeln. In der Schule lernen wir den Lehrsatz von Pythagoras und übersetzen Sallust, aber über uns selbst, über die Seele des Menschen und über menschliches Verhalten erfahren wir nichts.

Natürlich wäre mit einem Schulbuch über psychologische Typen oder mit akademischen Begriffen aus dem Bereich der Psychologie nichts erreicht. Um Kinder und Jugendliche zu größerer Bewußtheit über sich selbst zu führen, müssen Unterrichtsmethoden angewandt werden, die nicht zu *noch mehr* vergrößertem begrifflichen Wissen, sondern zu Erlebnis und Erfahrung führen. Dies geschieht nicht allein über das Wort, vielmehr müssen Inhalte dargestellt, phantasiert und agiert werden. Die Rollenspiele der Erwachsenen können bewußtgemacht werden, indem Szenen im Sinne des Psychodramas inszeniert und gespielt werden. Der Lehrsatz von Pythagoras ist zweifellos ein Teil unserer Kultur, nichts spricht gegen Sallust, und es ist schön, wenn man weiß, wie die Hauptstadt von Bolivien heißt. Um aber den Menschen zu fördern und um seine Zukunft mitzugestalten, bedarf es anderer Mittel. Mit der Ansammlung von Wissensstoff und mit der Übung von Gedächtnis und intellektuellen Funktionen sind wir für diese Aufgaben schlecht ausgerüstet. Damit allein können wir unsere Kultur nicht erhalten, geschweige denn Kultur in der Zukunft gestalten.

Als eine der wichtigsten Voraussetzungen für eine gute Ehe sehen wir die Ablösung vom Elternhaus an, also die Ablösung von der eigenen Sippe, von der bindenden Beziehung zu Vater und Mutter. Der Vollzug dieser Ablösung kann als Maßstab für die Ehefähigkeit angesehen werden. Gelingt diese Ablösung nicht, ist die Ehe von vorneherein belastet und ihr Gelingen in Frage gestellt. Aber wie kann ich erkennen, ob ich in diesem Sinne ehefähig bin, ob ich den Schritt der Ablösung von meiner Kindheit und Jugend vollzogen habe?

In der Regel üben wir in der Pubertät, den Elternwünschen gegenüber nein zu sagen und das eigene Fühlen, Denken und Handeln zu erlernen. Wer es nicht ertragen kann, anderer Meinung zu sein als Vater oder Mutter, wer sich noch scheut, dies klar auszusprechen, hat seine Pubertät nicht vollbracht. Sofern man Eltern alles recht machen will und nicht wagt, ihnen notfalls auch einmal weh zu tun, steht man innerlich noch nicht auf eigenen Füßen. Dann steckt man aus autoritärer Abhängigkeit lieber das Eigene zurück. In diesem Stadium will man immer noch »lieb Kind« sein, und es fehlt der Mut zum Erwachsensein.

Eine vierzigjährige Frau erzählte mir in einer Beratungsstunde, ihre innere Sperre gegenüber Elternkritik sei so stark, daß ihr als sonst wortgewandtem Menschen gar nichts einfalle, was man zum Beispiel ihrem Vater entgegnen könne. Früher habe sie noch nicht einmal gesehen, wie sehr er sich in den Vordergrund spiele, andere dirigiere und seinen Geschmack und Lebensstil zur Allgemeingültigkeit erhebe. Sie habe nicht bemerkt, in welchem Ausmaß ein solcher Vater seinen Kindern unmöglich macht, eigenes Selbstwertgefühl zu entwickeln, wenn sie nicht genau seinen Maßstäben entsprechend handeln und reagieren. Inzwischen habe sie zwar sehen gelernt, jedoch sei die Blockade nun an anderer Stelle. Es stellte sich heraus, daß diese Tochter ihren Vater in der Kindheit sehr bewundert hatte, weshalb in ihr seine ganze Art, wie er andern gegenüber auftrat, auch von ihr selbst übernommen worden war. Die Abhängigkeit von einem Vater- oder Mutterbild aufzulösen ist darum ein schwieriger Prozeß, weil man nicht nur sich freischwimmen muß zum eigenen Ich und Leben, vielmehr müssen wir das in uns loswerden, was wir vom Vater- oder Mutterbild in uns selbst herumtragen, all das, was uns sein läßt wie Vater oder Mutter, was uns selbst jedoch meist nicht bewußt ist. Wir übernehmen nicht nur das Taugliche und Brauchbare, sondern fast immer auch die Fehlhaltungen und Infantilismen unserer Eltern. Diese Analysandin war zwar ein durch Überanpassung geprägtes Wesen, beurteilte zugleich aber die Welt mit ihres Vaters Augen und Normen und war zu keiner eigenen Identität vorgedrungen. Bei sich zu Hause verhielt sie sich genau wie ihr Vater: Sie stand im Vordergrund der Familie, bestimmte und dirigierte alle; ihre Stimmungen, ihr Wünschen und Wollen prägten den Tagesablauf. Sie wußte nicht, wie sehr sie ihren Mann tyrannisierte, von ihren Kindern Erwartungsanpassung verlangte. Sie vermochte in ihrer eigenen Familie ebensowenig andere zu verstehen, auf sie einzugehen, andere Art zu respektieren, wie ihr eigener Vater in ihrer Kindheitsfamilie. Darum müssen Vater und Mutter in uns sterben, damit wir ein eigenes Leben aufzubauen in der Lage sind. Erst nach solcher Überwindung der Kindheit können wir uns selbst entfalten und auch das auswählen, was zu uns selbst und unserem Lebensweg paßt. Erst dann vermögen wir auch Eltern gerecht zu werden und auch ihnen Entwicklungshilfe zu leisten, wenn wir fähig sind, uns mit ihnen auseinanderzusetzen; denn unsere Lebensaufgabe ist nicht, Wunscherfüller und Nachahmer der Eltern zu sein.

Aber auch wer seinen Eltern gegenüber dauernd am Poltern ist und sie unentwegt verletzen muß, steht unter Zwängen und noch am Anfang der Ablösungsversuche. Ein Merkmal dafür, daß ich die Eltern als Erwachsener betrachte, ist die Fähigkeit, sie kritisch zu sehen. Damit hat man das Stadium kindhafter Elternglorifizierung hinter sich gebracht, jene Zeit also, in der eine kritische Haltung gegenüber Vater und Mutter tabuiert ist, in der das Erkennen ihrer Fehler und Schwächen, ihrer Irrtümer, ihrer persönlichen und ihrer generationsbedingten Eigentümlichkeiten und ihrer Unzulänglichkeiten noch Schuldgefühle im stark elterngebundenen Kind erweckt. Wer dagegen die Unvollkommenheit der eigenen Eltern erkennt und diese Erkenntnis vor anderen Menschen zugeben kann, hat die Perspektive des autoritätsgläubigen Kindes verlassen und weiß etwas von der Unvollkommenheit der Menschen überhaupt. Auch der prächtigste Vater hat seine persönlichen Schwächen und mit Problemen zu ringen, wie auch die beste Mutter ihre Schattenseiten hat. Es gibt deshalb kein Elternmilieu, das seine Kinder nicht auch Problemen aussetzt. Deshalb ist es wünschenswert und sogar heilsam, sich damit auseinanderzusetzen, um sie nicht unbemerkt, also unbewußt ein Leben lang mit sich zu schleppen.

Die Fehler und Schwierigkeiten anderer Menschen zu erkennen, heißt noch lange nicht, sie zu verdammen. Die Angst vor bewußtem Erkennen und bewußtem Leben ist jedoch noch weit verbreitet. Sie verführt dazu, sich an die Vorstellungen einer illusionären heilen Welt der Kindheit zu klammern und sich nach den glorifizierten Bildern von Vater und Mutter zu richten. Dann werden die Urteile der Eltern zu Normwerten. Viele Väter und Mütter wünschen sich in dieser Rolle respektiert zu sehen und verhalten sich dementsprechend. Wenn sie bei ihren erwachsenen Kindern zu Besuch sind, benehmen sie sich nicht wie Gäste und nach den Spielregeln erwachsener Menschen, sondern wollen immer noch als Autorität beehrt werden, mischen sich in alles ein, wollen dirigieren und bestimmen, als wäre dies ihr Zuhause. Meine eigene Selbständigkeit als Sohn oder Tochter kann ich in derartigen Fällen daran messen, wieweit ich mich solcher Rollenspiele entledigen kann.

Viele Menschen sind als eigenes Ich so schwach entwickelt, daß sie jede objektive Sicht ihrer Eltern – und das bedeutet immer auch deren Schwächen und Probleme zu erkennen – verweigern, weil dies in ihnen Angst auslösen würde. Diese Angst steht immer proportional zur Ich-Schwäche. Das kleine Ich des Kindes braucht zum Bestehen ein großes, starkes Vater- oder Mutterbild, mit dem es sich identifizieren, in dessen Schatten es sich gestärkt fühlen kann. Die Identifikation mit einem Stärkeren spielt in der Entwicklung eine bedeutsame Rolle. Das Ertragen einer Einbuße an unserem Identifikationsobjekt, von dem her wir unsere eigene Bedeutung beziehen, ist für den Abhängigen oft viel gefährlicher, als bei sich selbst eine Einbuße zu ertragen. Erst mit zunehmenden Identitätserlebnissen wird der Mensch in die Lage versetzt, aus sich selbst heraus Stärke und Wert zu entwickeln. Parallel hierzu lernt man zu unterscheiden, was Nicht-Ich ist, anders ist als ich. Im selben Maße können wir dann auch ertragen, unsere Identifikationsobjekte kritisch zu sehen. Den anderen objektiv und im Bemühen um Wahrheitssuche zu sehen bedeutet noch lange nicht, ihn nicht mehr zu lieben. Vielmehr stellt gerade dieser Prozeß, in dem wir die menschlichen Seiten von geliebten Menschen wahrnehmen, unsere erwachsene Liebesfähigkeit auf die Probe. Zweifellos muß die alte, kindliche Form von Liebe aufgegeben werden, um einer erwachsenen, menschlichen Beziehung zu weichen. Dies bedeutet immer auch, dem andern gerechter zu werden, ihm die Chance zu bieten, sich als Mensch zu stellen und sich nicht ein Leben lang in die Rolle eines Vaters oder einer Mutter zu verkriechen oder gar Besitzansprüche an Kinder zu stellen. Fehlhaltungen von Eltern provozieren Fehlhaltungen der Kinder gegenüber solchen Eltern. Sofern Kinder dies nicht erkennen und mit Hilfe des Bewußtwerdens nicht auflösen, provozieren sie ihrerseits permanent die Fehlhaltung ihrer Eltern und pflegen darum neurotische Zusammenhänge, anstatt Eltern Entwicklungshilfen dazu zu bieten, sich ihrem eigenen Leben zuzuwenden, ihrem Alter entsprechend Neues aufzubauen und dazuzulernen.

Man sollte sich die Frage stellen: Wie stehe ich zu meinem Partner, wenn er von meinem Vater oder von meiner Mutter kritisiert wird? Nehmen wir ein Beispiel: Die Schwiegermutter beklagt sich bei ihrem Sohn über ihre Schwiegertochter, etwa über ihre Art der Haushaltsführung oder über andere Eigentümlichkeiten, die ihr nicht gefallen. Sie teilt dies ihrem Sohn mit, ohne mit der jungen Frau darüber zu sprechen, kritisiert sie also hinter ihrem Rücken. Wie verhalte ich mich dann als Mann und Partner?

Man wird hier einwenden können, daß es heute doch eine große Zahl junger Paare gibt, die heiraten und, wie sie sagen, eine moderne Ehe führen und sich keineswegs um ihre Eltern und deren Meinung kümmern, ja sich gerade dadurch hervortun, daß sie in völliger Selbständigkeit ihr eigenes Leben aufbauen. Wenn stark betonte Abhebung von dem Bisherigen, von Vater und Mutter, von der Sippe festgestellt wird, wenn von den Jungen das extrem Neue betont und forciert wird, dann besteht zum mindesten der Verdacht, daß es sich um jugendliche Kompensation handelt, daß in ihnen, in ihrem Unbewußten noch unentwickelte Abhebung und unbewältigte Emanzipation im Sinne der Verdrängung wirksam sind. In solchen Fällen taucht das Problem der nicht organisch vollzogenen Ablösung zu einem späteren Zeitpunkt wieder auf, so daß irgendwann – häufig bei den eigenen Kindern – der versäumte Entwicklungsprozeß wieder in Gang gebracht werden muß. Auch dann steht man vor der Frage, wie diese Ablösung bewältigt und vollzogen werden kann.

Kehren wir zurück zum Beispiel der von der Schwiegermutter kritisierten jungen Frau. Kann der junge Mann nicht zu seiner Frau stehen, empfindet er die Kritik seiner Mutter als Abwertung und setzt er diese Unsicherheit um in Unzufriedenheit, Nörgelei und Kritik an seiner Partnerin, dann leistet er keinen Beitrag zum partnerschaftlichen Zusammenleben. Auf keinen Fall kann er seinem Gegenüber helfen. Bespricht er aber die aufgeworfenen Fragen offen mit seiner Frau, versucht er, das Beanstandete zusammen mit ihr zu bewältigen, oder bespricht er mit Frau und Mutter das Thema gemeinsam, so verhilft er zu einer völlig anderen Situation, aus der heraus die Bewältigung möglich wird. Man wird unter Umständen auch der Mutter klarmachen müssen, daß eine berufstätige Frau oder eine Angehörige der jungen Generation manches im Haushalt anders regelt, daß sie auch in mancher Hinsicht mehr belastet ist als die Mutter und daß wir ihr, statt zu kritisieren, lieber helfen sollten. Schließlich war ja auch die Mutter einmal Anfängerin und brauchte Jahre der Einübung und Erfahrung – und Menschen, die sie ermutigten und stützten. Auf diese Weise entsteht eine wesentlich günstigere Atmosphäre.

Dasselbe gilt natürlich für die Frau, deren Vater oder Mutter ihren Mann kritisiert. Nehmen wir auch hier wieder ein häufig aktuelles Beispiel: Was tue ich, wenn der lange Bart oder der Haarschnitt oder die Kleidung des Ehemannes Gegenstand der elterlichen Kritik sind? Kann ich zu ihm stehen? Kann ich diese Erscheinungen vor meinen Eltern vertreten? Sicher ist es für manche junge Frau nicht leicht zu verstehen und gar vor den besorgten Blicken der Eltern zu vertreten, wenn der junge Mann einen Wagen fährt, dessen Anschaffung seine finanziellen Verhältnisse übersteigt, oder wenn er schon wieder seinen Arbeitsplatz gewechselt hat. Nun heißt »zum Partner stehen« durchaus nicht, sein Tun und Handeln blindlings und ohne kritisches Denken hinzunehmen und für gut zu befinden. Entscheidend ist nur, *ob und was ich selber denke*, daß und wie ich diese Fragen mit meinem Partner bespreche, was ich selbst dazu tue – oder ob ich durch die Urteile meiner Eltern unsicher und beunruhigt werde und deshalb nicht mehr die Einfühlung aufbringe, die mein Partner für seine Entwicklung von mir bräuchte. Mit anderen Worten: Denke ich wie mein Vater und meine Mutter – oder habe ich eigene Gedanken, die mich zur persönlichen Stellungnahme befähigen?

Für viele Eltern ist es schwer, ihre Kinder in die Ehe zu entlassen. Das gilt besonders für diejenigen Eltern, die sich mit ihren Kindern sehr verbunden fühlten und fühlen. Ihnen gerade fällt es schwer, sich abzulösen, das Kind seinem Partner zu überlassen, jede Einmischung zu vermeiden und das Besorgtsein aufzugeben. Den Eltern muß man liebevoll, aber dennoch bestimmt nahelegen, daß es einfach nicht angeht, sich beim Kind über dessen Partner zu beklagen, und daß sie lernen müssen, sich aus der Partnerschaft des jungen Paares herauszuhalten. Die Jungen müssen ihre eigene Ehe und ihr eigenes Leben bestehen lernen und ihre eigene Erfahrung aufbauen können. Ob es mir gelungen ist, meine Eltern zu dieser Ablösung vom Kind zu führen, kann ich daran ablesen, wie weit oder wie wenig sie – immer wieder oder nur ab und zu – an meinem Partner in dessen Abwesenheit und ohne offene Aussprache Kritik üben.

Woran können wir erkennen, wo wir noch elterngebunden sind, das heißt unter dem Einfluß der Eltern stehen und unter dem Zwang, so zu handeln, wie es die Eltern erwarten, oder wo wir aus eigenem Antrieb und aus eigenem Denken handeln? Ein junger Ehemann erzählte, jeden Sonntag kämen die Schwiegereltern zum Essen, und immer werde das gekocht, was die Eltern seiner Frau gerne mögen, er selber habe mit seinen Wünschen zurückzutreten. Sicher – das sind Äußerlichkeiten, und mancher mag darüber lachen und meint: Aber das läßt sich doch leicht ändern. Was hier aber als innere Haltung maßgebend ist, kann in der Regel nicht leicht geändert werden.

Eine Mutter äußert ihrem Sohn gegenüber: »Dieser Anzug steht dir nicht, er macht dich blaß.« Und siehe da: Der Sohn mag den Anzug nicht mehr anziehen, er ist überzeugt, daß seine Mutter recht hat, obwohl ihm seine Frau erklärt, daß sie gar nicht dieser Ansicht sei. Eine junge Frau kränkte ihren Mann dadurch, daß sie sich mit ihrer Mutter zusammen eine Perücke für sich aussuchte und nicht mit ihm.

Eine Partnerin ärgerte sich über Jahre hin über ihren Mann, weil er seinen Eltern nichts sagen konnte, das ihnen nicht genehm war. Er fühlte sich durch finanzielle Vorteile, die er von seinen Eltern erhielt, gebunden und verpflichtet. Als ob man sein Leben für Geld und Gut verkaufen könnte! Eltern, die nur schenken, um den andern zu erkaufen oder gar zu erpressen durch entsprechende Erwartungen, erfahren etwas ganz Wesentliches, wenn ihre Kinder ihnen durch entsprechendes Verhalten zeigen, daß dies nicht geht. Prüfen wir uns darum immer wieder, ob wir käuflich sind! Dankbarkeit heißt nicht, seine Seele verkaufen zu müssen. Sofern Eltern dies erwarten, muß dies korrigiert werden. Wir dürfen Eltern nicht in Fehlhaltungen belassen, die sich auch auf uns und unsere Kinder auswirken. Geschenke anzunehmen bewirkt zweifellos etwas in dem Beschenkten. Sofern er echte Dankbarkeit und Freude erleben kann, vermag er dies auch zu äußern und durch manche Geste und Aufmerksamkeit darzubringen. Wenn ich jedoch aus falsch verstandener Dankbarkeit mich nicht zur vollen Eigenständigkeit entwickeln kann, sind alle Geschenke – auch Millionengeschenke – zu teuer bezahlt. In solchem Falle sollte man Geschenke abwehren oder zurückstellen, bis man so stark ist, Geschenke annehmen zu können. Der erwähnte Mann konnte seinen Eltern nicht sagen, daß er mit seiner Familie alleine den Heiligen Abend feiern möchte, daß seine Frau sich dies wünscht. Er brachte es nicht fertig, mit seiner Schwester darüber zu sprechen, ob sie eventuell die Eltern auch einmal zu diesem Festabend einladen würde. Daß Eltern als erwachsene Menschen auch zusammen mit Freunden Weihnachten und den Heiligen Abend feiern können, das kam ihm schon gar nicht in den Sinn. Für ihn und seine Eltern genügte es nicht, am ersten oder zweiten Feiertag zusammen zu sein. Diese Eltern hatten nicht das Feingefühl, auch nicht das Wissen, daß man im Zusammensein mit Kindern übertreiben und zuviel erwarten kann, selbst dann, wenn man der Gebende ist. Die vielen Kleinigkeiten sind es, die den Alltag beschweren. Sie sind darum nicht leicht zu lösen, weil die kleinen Dinge viel mehr ausdrükken als nur das Vordergründige. Dahinter verbergen sich Einstellungen und Haltungen, nämlich das Hintergründige, das der empfindet, dem es lästig wird. Die Eltern, die stets erwarteten, von demselben Sohn am Heiligen Abend wie auch an Weihnachten eingeladen zu werden, wollten nicht nur dies. Dahinter stand ein Riesenanspruch. Darin verbarg sich das Festhalten-Wollen an ihm und die Weigerung, sich selbst und den eigenen Einfluß auf den Sohn zurückzunehmen. Diese Eltern wollten für alles, was sie boten, im Grunde Rückzahlung auf Heller und

Pfennig. Wir müssen darum als Eltern lernen, uns in der Rolle der Gebenden und Beschenkenden zu prüfen und uns davor zu hüten, die Freiheit des andern einzuschränken durch falsche Erwartungen. Geben ist wirklich seliger als Nehmen.

Ersetzen Ehepartner Vater und Mutter?

Einmal sind es äußere Abhängigkeiten, man ist beunruhigt, wenn man nicht mit der Ansicht der Eltern übereinstimmt. Daneben gibt es aber noch eine innere Abhängigkeit von den Eltern. Sie ist dann wirksam, wenn ich in die Ehe, in meine Partnerbeziehung die – in der Regel völlig unbewußte – Erwartung eines Vater- oder Mutter-Ersatzes hineintrage. Dabei muß nicht immer der Vater durch den Ehemann ersetzt werden oder die Mutter durch die Ehefrau. Die Mutter kann auch der Ehemann ersetzen müssen.

Derartige unbewußte Erwartungen wirken sich dann so aus: Ein Mann heiratet und erwartet von seiner Partnerin, daß sie von jetzt ab nur noch für ihn da ist, nur ihn umsorgt, ihr ganzes Dasein auf ihn ausrichtet – so, wie er sich in der Kindheit gewünscht hat, seine Mutter solle für ihn allein dasein, was sie in Wirklichkeit natürlich nicht in solcher Ausschließlichkeit konnte, denn sie hatte ja noch andere Kinder, einen Mann und auch noch andere Aufgaben zu bewältigen. Der junge Mann – und deren gibt es mehr, als wir wissen – erhofft sich nun in der Ehe die Erfüllung all der Wünsche seiner Kindheit, nämlich eine allumsorgende Mutter, damit er endlich Einzelkind sein darf. Das geht zuweilen so weit, daß Ehemänner auf ihre eigenen Kinder eifersüchtig sind und diese Eifersucht auch auf die Freundinnen ihrer Frau ausdehnen, sie nicht leiden können und durch stetige Kritik abwerten mit dem unbewußten, oft auch ganz bewußten Bestreben, die Freundschaften zu lockern oder gar zu lösen.

Bei einer Frau finden wir als Parallele die Erwartung, nun einen allumfassenden, beschützenden Vater zu haben, der alles Unangenehme für sie erledigt, sie sozusagen auf Händen durchs Leben trägt, sie also genauso umsorgt, wie sie als Kind immer gewünscht hat, den Vater für sich alleine zu haben. So träumte eine Frau diese Vorstellung in der Weise verbildlicht, daß ihr Mann sie auf seinen Händen durch die Stadt trug. Sie erwartete, wie ein Säugling »auf Händen getragen« zu werden.

Es muß nicht betont werden, daß es sich hier um unerfüllbare Erwartungen handelt, weil sie eine Überforderung des andern Menschen sind. Ehen, die unter derartigen – unbewußten – Erwartungen geschlossen wurden, müssen zwangsläufig zu Enttäuschungen führen. Zunächst meint man, der andere enttäusche, er sei nicht der richtige Partner. Man ist sich nicht bewußt, daß man *selbst* unerfüllbare Erwartungen an den andern stellt und die Haltung eines Kindes zeigt. Das äußert sich dann im banalen Alltag. Die Frau, die eine umsorgende Mutter oder einen allmächtig beschützenden Vater im Ehemann ersehnt, erwartet von ihm, er müsse den Streit mit der Nachbarin schlichten oder die Schwierigkeiten, die beim Einkauf entstanden sind, lösen und ihr abnehmen. Der Mann soll die Probleme der Kindererziehung und alles Unangenehme erledigen und klären, also überall da eingreifen, wo sie selbst hätte selbständig handeln und ihre eigene Persönlichkeit aktivieren müssen.

Auch beim Mann beobachten wir häufig, daß er die Umsorgung und Bemutterung in den vielen Dingen des Alltags erwartet. Er wünscht, seine Frau möge ihm das Brot streichen und ihm wie einem Kind das Frühstück richten. Er verlangt, daß sie ihm das Badetuch bringt, wenn er in der Badewanne sitzt, manchmal auch, daß sie die Badewanne schrubbt, wenn er gebadet hat.

Das sind Erwartungen, die ein kultivierter erwachsener Mensch nicht an einen anderen stellt, auch nicht an seinen intimsten Partner. Hier haben wir es mit Fragen des Erzogenseins oder der Ungezogenheit zu tun, mit einem Verhalten also, das viel über eine Persönlichkeit aussagt, nämlich über den Grad ihrer Kultiviertheit und über das Niveau der Gesamtpersönlichkeit. Umfassendes Wissen und Erfolg im Beruf dürfen uns nicht über Primitivismen im Verhalten hinwegtäuschen. Daß manche Eltern, vor allem Mütter, ihren Kindern infantile Verhaltensweisen gestatten und in blinder Unwissenheit und in primitiven Vorstellungen von Eltern- und Mutterliebe sie zuweilen sogar noch kultivieren, ist leider eine immer noch weit verbreitete Unsitte. Wenn die Kinder, wie es so oft beobachtet werden kann, in materieller Hinsicht verwöhnt werden und wenn die Eltern es unterlassen, die Söhne und Töchter zur Mithilfe in der Familiengemeinschaft heranzuholen, und sie nicht zu zunehmender Selbständigkeit erziehen, werden für das spätere Leben dieser Verwöhnten und für ihre künftige Partnerwahl und Ehe schlechte Voraussetzungen geschaffen. Wer in dieser Weise aus seinem Elternhaus unerzogen und mit Mangel an Selbständigkeit und Infantilität behaftet erwachsen wird, ist damit aber keineswegs entschuldigt. Bei einer normal vollzogenen Entwicklung geht ein Pubeszent nach den Ablösungsversuchen von Elternbindungen zur *Selbsterziehung* über.

Es ist darum ganz entscheidend, ob ein Partner dazulernt, sich als Mensch auf dem Weg des Erwachsenwerdens weiterbewegt, oder ob er in seinem privaten Bereich regrediert und da stehenbleibt, wo er sein Elternhaus verließ. Viele von den beruflich Erfolgreichen sehen in ihrer Leistung und ihrem Verhalten im Beruf und in der Öffentlichkeit schon genug Erwachsensein. Sie finden es ganz in Ordnung, zu Hause und beim Partner sich wieder in die Rolle zu begeben, die man als Kind und im Elternhaus hatte: alles vorgesetzt bekommen, an nichts denken müssen, für nichts verantwortlich sein, an den andern Erwartungen stellen im Hinblick aufs eigene Wohlergehen und Wohlbefinden und trotzig gekränkt sein, wenn etwas nicht so klappt, wie man es sich gedacht und gewünscht hat. Auch wer sein gerütteltes Maß an Tagespflicht und Berufsarbeit geleistet hat, bleibt am Abend und im privaten Bereich noch Partner und kooperativ, sofern er diese Reife besitzt und nicht nur tagsüber zum Schein mimt. Wenn wir entsprechende Einfühlung haben für den andern, ist es kein energetischer Aufwand, dies oder jenes mit anzufassen, dem andern zu zeigen, daß er einen Partner hat und nicht ein verwöhntes Kind, das seine Ansprüche stellt. Manche lassen sich allzu gerne hätscheln und verwöhnen, erwarten immer reibungslosen Ablauf beim andern, ohne ihrerseits durch entsprechende Taten dazu beizutragen.

Hier taucht die Frage auf, ob es nicht ein Zeichen von Zuneigung und Liebhaben ist, wenn wir bemüht sind, dem andern das Zuhause so zu gestalten, daß er ganz abschalten kann und sich am Abend und an freien Tagen nur dem widmen darf, was ihm lieb ist. »Mir macht es Freude, meinem Mann alles aus dem Weg zu räumen, was ihm unlieb ist.« Diese Frau ging tatsächlich wie ein Schneepflug vor ihrem Mann her und räumte alles beiseite, was die Tage normalerweise brachten. Sie lebte in totaler Anpassung und ging nicht zur Einladung ihrer Freundin, wenn er dies nicht wollte, weil er eventuell einen Abend alleine vor dem Fernseher gesessen hätte. »Ich kann ja tagsüber Dinge tun, die mir Spaß machen.« Dies war ihre theoretische Entschuldigung. Sie tat dies aber tagsüber nicht, weil sie so wenig ein eigenes Verhalten aufgebaut hatte, daß sie gar nicht wußte, was sie für sich tun sollte. Sie sah in der Verhätschelung ihres Mannes, in seinem Zufriedensein ihr ganzes Glück. So war es bei ihrer Mutter schon. Er war großzügig mit ihr, was Kleider und Geld anbelangte, forderte aber völlige Anpassung an seine Wünsche. Er war der Meinung, man könne Menschen kaufen. Er glaubte, seiner Frau ein guter Mann zu sein. Wie wenig jedoch beide echte Partnerschaft zu erfüllen vermochten, konnte man daran ablesen, daß ihre Tochter große Mühe hatte, in die Frauenrolle hineinzuwachsen und sich in eine verbindliche Beziehung einzulassen. »Ich will doch ein eigener Mensch sein und nicht wie meine Mutter leben.« Im Grunde wollte sie ein Mann sein, denn sie hatte bei diesen Eltern gesehen, daß es Männer ganz gut haben und die Frauen dazu da sind, sich um deren Wünsche zu kümmern.

Sich gegenseitig etwas zuliebe tun wollen ist etwas ganz Selbstverständliches unter Liebenden. Das heißt aber auch, daß *beide* dem andern nicht zuviel zumuten, nicht zuviel an Wünschen abverlangen, und vor allem, daß *jeder* von beiden sich so verhält. Dann tragen beide gleichermaßen dazu bei, Gemeinsamkeit nicht einseitig und eingleisig werden zu lassen. Damit ist es noch nicht getan, daß man seinen Beruf ausübt und das notwendige Geld verdient. Dies wird häufig überbewertet, während die Hausarbeit und die Arbeit mit Kindern unterbewertet wird. Meist ist diese Fehlsicht gekoppelt: Wer sein Berufsleben gerne hoch ansetzt in der Skala der Bewertungen, setzt die andersgeartete Arbeit gerne herab, um sich selbst als wichtiger darzustellen. Drei Tage mit Kindern und Haushalt zubringen ist eine nette Abwechslung, wenn man nur das Nötigste dabei zu erledigen hat und die Kinder diese Ausnahme gerne mitmachen. Den wirklichen Haus- und Familien*alltag* jahraus, jahrein zu bestehen ist eine vollwertige Tätigkeit, die nur der unterschätzt, der für sich Gründe hat, dies zu tun. Häufig werden darin Argumente und Entschuldigungen gesucht, dem andern wenig Kooperation entgegenzubringen.

Weil hinter den Kleinigkeiten Grundeinstellungen sich verbergen, weil darin sich zeigt, ob ein Partner nur erwartet oder auch zu geben bereit ist, darum sind die kleinen Dinge im Alltag von großer Bedeutung. »Was hängt schon daran, ob *ich* Salz aus der Küche hole, wenn es vergessen wurde? Ist es nicht lächerlich, daß meine Frau sich darüber ärgert, wenn ich nicht daran denke, es zu holen?« Es ist gar nicht lächerlich, weil sich darin viel mehr ausdrückt, nämlich die dahinterstehende Grundeinstellung und fordernde Erwartung, daß der andere zu springen hat und man selbst im Grunde bedient sein will. Dies ist es, was kränkt und schmerzt, nicht der Energieaufwand für die wenigen Schritte in die Küche. Solch grundsätzliche Verweigerungen, kooperativ zu sein, sagen eine Menge aus über die Bereitschaft, auch für den andern dazusein. Es ist von entscheidender Bedeutung, ob wir nur uns oder auch den andern sehen und auf ihn *eingehen.* Viele haben nur soviel Rücksichtnahme, wie man braucht, um in der Öffentlichkeit nicht aufzufallen. Zu Hause sind sie nicht von der Kindheitshaltung losgekommen und nicht in die Selbsterziehung hineingewachsen.

Es gibt eine stattliche Zahl Erwachsener, die diesen Schritt nicht ganz vollzogen haben. Sie wandten ihre Energien und Bemühungen nur dafür auf, um eine Persona aufzubauen, um in der Außenwirkung vor den andern, in Gesellschaft, in der Öffentlichkeit, im Berufsleben, ein gutes Image abzugeben. Hinter dieser für die Außenwelt errichteten Fassade, mit der sie sich identifizieren – denn sie meinen, sie seien das, was sie vorgeben und zum Teil auch als Rollenspiel praktizieren –, steht der unentwickelt gebliebene große Rest der Persönlichkeit. Mit diesen Persönlichkeitsbereichen des infantilen Verhaltens müssen sich viele Partner, ja ganze Familien abrackern. Wo die Entwicklung nur in extravertierter Weise für Außenweltserfolge sich engagierte und die Reifung und Selbsterziehung der *ganzen* Persönlichkeit unterblieb, handelt es sich um Kulturheuchler. Sie sind nicht immer leicht zu erkennen. Sie werden nicht nur sich selbst gefährlich, sondern darüber hinaus den andern, auf deren Kosten sie ihre Fehlentwicklung leben, die sie in entsprechende Rollen und Verhaltensweisen zwingen.

Wenn nur die Bewältigung der äußeren Welt erlernt wird, sofern ein Mensch nur Image aufgebaut und Rollenspiele erlernt hat, aber die eigene Innenwelt vernachlässigt blieb, entstehen Scheinpersönlichkeiten, hinter deren Fassaden sich Unreife und neurotische Verhaltensweisen verbergen. Werden solche Menschen alt und müssen sich von dem bisherigen Geleise wegbegeben, bleibt ein Rest zurück, der mit sich und seinem Leben nichts anzufangen weiß. Darum werden sie andern zur Last und nicht selten auch zum Quälgeist. Im Altwerden zeigt sich, was wir aufgebaut und in uns an Menschsein integriert haben, was echt zu uns gehört und was wir wirklich sind. Darum sind viele Alte solch schwer zu ertragende rudimentäre Menschen, weil im Alter die Scheinpersönlichkeit abgebaut wird und dann das zum Vorschein kommt, was immer schon da war, jedoch durch Rollenspiel und Maskeraden verborgen werden konnte. Im Altwerden zeigt sich, was wir sind. Viele Alte werden nicht darum zur Last, weil sie alt sind, sondern weil sie unreif geblieben sind und sich entsprechend verhalten. Es ist darum immer ein besonders beglückendes Erlebnis, mit älteren Menschen zusammenzutreffen, die über das Rollenspiel hinausgewachsen und – sei es auch nur ein wenig – sie selbst geworden sind.

Die Verwöhner und die Überlegenen

Manch einer möchte vielleicht fragen: Könnte es denn nicht eine sehr gute Ehe sein, wenn wir für die Wunscherfüllung des andern leben? In der Tat gibt es Männer, die glauben, sie müßten ihre Frau in vieler Hinsicht führen und lenken, mit anderen

Worten: in die Vatererwartung und -rolle eintreten, wie es auch Frauen gibt, die gerne die Rolle der Mutter und des Wunscherfüllers übernehmen. Es gibt solche Ehen, die in dieser Weise über Jahre hin ganz gut gehen. Aber viele Erfahrungen beweisen, daß eine große Zahl derartig geführter Ehen zu irgendeinem Zeitpunkt trostlos werden und in Leerlauf geraten, oder aber daß einer der beiden Partner dieses Rollenspiel ablehnt und, durch einen andern Partner zu einer neuen Entwicklung angeregt, sich von den seitherigen Beziehungen lösen will.

Mit andern Worten: Eine Frau kann erleben, daß ihr Mann bei einer andern Frau, die ihn nicht bemuttert, die ihn als erwachsenen Menschen fordert und anspricht, sich sehr viel wohler fühlt und nicht mehr zurück will in diese Ehe, in der er bisher auf Muttersuche war. Oder eine Frau erlebt, daß sie durch die Begegnung mit einem andern Partner, der sie nicht betreut, nicht beschützt, sondern der von ihr Selbständigkeit und Emanzipation fordert, in eine neue Lebenssituation gerät, die sie in Bewegung bringt und zur Weiterentwicklung führt; denn sie war in ihrem Rollenspiel mit ihrem Mann in der Entwicklung stehengeblieben. Wir können sagen, daß Partner immer dann, wenn eigene echte Entwicklung und bewußte Auseinandersetzung nicht geführt und realisiert werden, in unbewußte Aggressionen geraten. Wer also zu sehr im Rollenspiel engagiert ist, wird eines Tages unbewußt, mit der Zeit auch bewußt, den Partner in seiner infantilen Grundhaltung nicht mehr voll anerkennen können, wird Aggressionen entwickeln gegen diese Erwartungen, die der andere an ihn stellt.

Der erste Schritt ist, bewußt zu machen und zu erleben, daß eine infantile Haltung weder dem Lebensalter noch einer erwachsenen Persönlichkeit entspricht. Außerdem darf keiner der Partner erwarten, ein Mensch könnte sich von heute auf morgen von seinen Fehlhaltungen und Fehlentwicklungen einfach lösen. Vielmehr braucht er gerade die Hilfe seines Partners, um langsam einen Wachstumsprozeß, eine Weiterentwicklung aus der kindhaften Erwartungshaltung heraus, in Gang zu setzen. Beide Beteiligte müssen übereinkommen, daß Rollenerwartungen und kindliche Wünsche an den andern nicht mehr gestellt und die bisherigen verwöhnenden Praktiken nicht mehr gewährt werden dürfen. Dabei lernt er nun endlich, was ein erwachsener Mann normalerweise längst kann, z. B. welches Hemd zu welchem Anzug paßt oder nicht geeignet ist; lernt, wie ein erwachsener Mensch seine Schmutzwäsche da unterzubringen, wo sie hingehört, wenn sie abgelegt wird; lernt, seine Zeitungen wegzuräumen, wenn sie ausgelesen sind. Um infantiles Verhalten abzulegen, muß man nicht nur all die selbstverständlichen Dinge des normal gereiften Erwachsenen lernen, der für sich selbst zuständig und für seinen Kleinkram – anders als das Kleinkind – verantwortlich ist, es gehört noch mehr dazu. Darüber hinaus entwickelt der gesunde Mensch auch die Fähigkeit zu sehen, wo der andere seine Hilfe und sein Zur-Verfügung-Sein braucht. Dann ist es selbstverständlich, nicht nur dem andern keine unnötige Mühe zuzumuten und ihn nicht zu versklaven, sondern ihm aktiv beizustehen. Wenn bei Tisch etwas fehlt, stelle ich dies nicht ausdrücklich fest und erwarte, daß der andere es holt, vielmehr gehe ich stillschweigend und bringe es unauffällig herbei. Dann sage ich nicht: »Der Hund muß dringend setzen«, vielmehr nehme ich den Hausschlüssel und führe den Hund auf die Straße. Man ruft nicht mehr: »Peter muß auf den Topf«, vielmehr nimmt man Peter bei der Hand und vollzieht das, was sein muß. Die Partnerin kann dabei entscheidend mithelfen, indem sie entsprechend reagiert. Sie springt nicht mehr auf, um das Salz zu holen, vielmehr bittet sie ganz nebenbei: »Sei so lieb und hol es geschwind.« Bei dem Ruf »Peter hat die Windeln voll« lautet die Antwort: »Frische Windeln sind im Badeschränkchen.« Man darf nicht mehr zulassen, daß der andere in »Das kann ich nicht« oder »Dazu bin ich viel zu ungeschickt« flüchtet. Viele Männer stellen sich bewußt oder unbewußt in solchem Maße ungeschickt an, nur um damit zu erreichen, daß sie in kindlicher Bequemlichkeit weiterleben können.

Ein junger Techniker schlug bei seinem ersten Abwaschen in der Küche viel Geschirr an. Seine kluge, berufstätige Frau reagierte nicht damit, daß sie ihn nicht mehr abwaschen ließ, vielmehr schlug sie vor: »Wir behalten dieses angeschlagene Geschirr noch eine Weile, bis du geübter und geschickter geworden bist, dann werden wir es erneuern.« Es war bald soweit, denn seine Frau zog ihn des öfteren bewußt zur Hilfe heran, während seine Mutter ihn immer abgewehrt hatte und ihn nicht nur ungeschickt werden ließ, sondern ihn immer mehr in eine träge Haltung ohne Hilfsbereitschaft und voll Bequemlichkeit hineintrieb. Schließlich hatte er sich aus seinem Versagen und seiner teilweisen Untauglichkeit eine Tugend arrangiert und sich für besonders männlich gehalten, nämlich für die praktischen Dinge des Haushalts ungeeignet, so wie ein anderer sich in seiner Intellektualität bestätigt fühlte, weil er nicht in der Lage war, an seinem Auto die Reifen zu wechseln oder in der Wohnung die Bilder richtig aufzuhängen und Nägel einzuschlagen.

Wenn der Mann sich aus der Rolle der Bemutterung oder Bevaterung zurückzieht, wird er es ablehnen, immer alles selbst zu entscheiden, seiner Frau die Kleider und Mäntel beim Einkauf auszusuchen, den Plan für den Sonntag zu gestalten, alle wichtigen Telefonate zu erledigen, den Besuch beim Kinderarzt zu veranlassen, im Ferienort eine Pension auszusuchen und sich anzumelden, die Überweisungen der fälligen Rechnungen vorzunehmen. Er muß dann lernen, sich zurückzunehmen und den Partner zu ermutigen, sich selbst an diese Dinge heranzuwagen. Dabei darf durchaus auch etwas schiefgehen, denn dies gehört nun einmal zu allen Lernprozessen dazu. Man muß es dann vertreten, daß es dennoch besser ist, sich in diesen Handlungen zu üben, als sie einfach dem andern zu überlassen und sich nichts zuzutrauen. Auch bei Entmutigten oder bei Frauen, die durch ihre Hilflosigkeit den andern zur Teilnahme und Hilfe provozieren wollen, darf die Flucht in »Das kann ich nicht« nicht mehr hingenommen werden. Es ist bedenklich, wie viele erwachsene Menschen schon sehr früh aufgegeben haben, Lernende zu sein, und sich mit dem, was sie an Fähigkeiten besitzen und was ihnen leicht gelingt, völlig zufriedengeben. Dies ist nicht immer eine Frage des Mutes und Selbstvertrauens, eine Frage vitaler Freude am Lernen und Üben, vielmehr auch eine Frage der Bequemlichkeit und Trägheit. Dies sollten wir jedoch beim andern nicht unterstützen und auch für uns nicht wünschen, daß unser Partner dies bei uns akzeptiert.

Entscheidend und wichtig ist jedoch bei solchen Veränderungen im Verhalten gegenüber dem Partner, daß man mit ihm darüber spricht. Dann weiß er, daß dies keine Demonstration gegen ihn ist, keine Lieblosigkeit und Distanzierung, vielmehr muß er in den dazugehörenden Gesprächen fühlen und verstehen lernen, wie sehr es in seinem persönlichen Interesse wie auch im Sinne einer entwicklungsfähigen Zweisamkeit liegt, solch bequemes Dahindämmern in gefährlichen infantilen Wünschen und Rollen abzubauen. Im gemeinsamen Gespräch wird dem andern bewußt werden, daß er mehr geliebt werden wird, wenn er aus seinen kindlichen Verhaltensweisen herauswächst und damit erst zum Partner wird.

Immer wieder werden Einwände folgender Art vorgebracht: Kann man von einem Mann, der in seinem Beruf äußerst strapaziert wird und sich dort völlig einsetzt, überhaupt noch eine solche Teilnahme am Familienganzen erwarten? Ist er denn am Abend noch in der Lage, hier und dort mit anzufassen? Hierzu ist zu bemerken, daß man von voll berufstätigen Frauen dies, ohne nachzudenken, selbstverständlich erwartet. Psychologisch gesehen steht fest, daß man bei einem ganz anders gearteten Tun, etwa ein Kleinkind ins Bett bringen, beim Einkauf oder gerade bei praktischen Handreichungen wie Tischdecken und dergleichen, viel mehr zur Entspannung und zum Abschalten kommt als beim Zeitunglesen oder Fernsehen. Dies beides strapaziert mehr als im allgemeinen vom einzelnen bemerkt wird. Die meisten erliegen der Täuschung durch die Spannung, die jedoch unbemerkt zusätzlich Energie verschleißt. Daß viele Frauen den ganzen Tag von früh bis spät angespannt sind und etwa durch Kleinkinder kaum zur Ruhe kommen über dreizehn und noch mehr Stunden am Tag, wird merkwürdigerweise gedankenlos als Spielerei betrachtet. Wer dem andern einmal längere Zeit hilft, weiß sehr rasch, wie müde man dabei wird und welche leibseelischen Anforderungen dabei gestellt werden.

Es gibt Männer und Frauen, die unbewußt mit Vorliebe danach trachten, den andern in einer gewissen Abhängigkeit zu halten. Bei männlichen Partnern geschieht dies über die Rolle, daß er alles weiß, alles entscheiden kann und sich, sei es durch Alter oder durch berufliche Ausbildung und Erfahrung, als den

Gewandteren und Sichereren fühlt. Wer für sich diesen Vorsprung und diese Rolle nicht patentieren möchte, kann in vielerlei Hinsicht dem andern zu mehr Selbstvertrauen und zu entsprechenden Versuchen und Übungen verhelfen.

Da wir immer bei uns selbst beginnen müssen – obwohl wir meist dazu neigen, alle Psychologie zunächst beim andern anzuwenden –, sollten wir uns fragen: Gebe ich zu, wenn mir etwas schiefgegangen ist, oder versuche ich, dies durch Schweigen oder Ausreden zu umgehen? Schiebe ich gerne die Schuld eines Malheurs auf andere im Sinne von »Hättest du das Fleisch weicher gebraten, wäre es mir beim Schneiden nicht vom Teller gerutscht«? Vermag ich vor mir selbst und auch vor den andern, im privaten Bereich vor meinem Partner und auch vor meinen Kindern zuzugeben, wo meine Schwächen liegen, oder muß ich immer alles wissen, alles können und glanzvoll oben sein? Kann ich die andern – meinen Partner und meine Kinder ebenso – die Dinge so anfassen und gestalten lassen, wie sie es versuchen wollen, wie es ihnen und ihrem Können entspricht, oder muß ich immer belehren, muß zeigen, wie es besser ist? Bin ich soweit liebesfähig und am andern engagiert, daß ich bei meinem Partner manches tolerieren und vor allem aber mich an seinen liebenswerten Seiten, an dem, was ihm gelingt, was er an andersartigem mit in die Zweisamkeit einbringt, auch freuen kann? Vermag ich es zu sehen und – was von großer Wichtigkeit ist – *sage* ich ihm auch immer wieder etwas von dem, was mir an ihm Freude macht, was ich an ihm schätze? In der ungeschminkten Beantwortung solcher Fragen wird viel Selbstwahrnehmung möglich. Es ist darum gut, solche Fragen nicht nur flüchtig während eines Tuns nebenher zu denken. Es lohnt sich die Mühe, sich hierfür Zeit und ein Blatt Papier zu nehmen und aufzuschreiben, über Tage hin einmal sich selbst und nicht den andern zu beobachten. Wer sich selbst sehen lernt, wird davor geschützt, unbewußt und blind Verhaltensweisen aufzubauen und zu wiederholen, die Partnerschaft unmöglich machen.

Ein bei vielen Partnern unerfreuliches Thema ist das Autofahren. Hier lieben es viele Männer, sich als den technisch Versierten zu zeigen, und können es nicht unterlassen, zu korrigieren und zu dirigieren, so daß ihre Frauen keineswegs besser fahren lernen, sondern zunehmend unsicher und voller Minderwertigkeitsgefühlen am Steuer sitzen. Nehmen wir an, jemand kann tatsächlich technisch besser das Auto beherrschen, so sollte er sich um soviel Nachdenken und Einfühlung bemühen, daß er erkennt, *wie* man einem andern hilft und ihm nützlich werden kann und wie sehr man ihm durch Besserwissen und entsprechendes Dreinreden schadet. Wenn hier der Verstand und das Mitgefühl aussetzen, liegt der Verdacht nahe, daß man sein Besser-Können zur Selbstaufwertung benötigt und zu egoistischen Zwecken mißbraucht. Dann sieht man über sich selbst hinaus nicht mehr das Du im andern. Das Auto steht einem dann näher als der Partner, es ist einem deshalb mehr wert, weil es unser Besser-Können ermöglicht, unser Prestige vertritt. Für viele ist ihr Auto ein sehr geliebter Teil ihrer eigenen Person.

Bei Frauen geht der Weg zum Abhängigmachen und zur Unterwerfung des andern über die Verwöhnung. Die Zauberformel kann ganz schlicht auf den Nenner gebracht werden: »Niemand weiß so gut wie ich, was dir lieb und bekömmlich ist. Nur ich alleine liebe dich so sehr, daß ich dir alles nur Erdenkliche tue, mich selbst aufgebe, mich für dich und dein Wohlergehen aufopfere. Wenn du dies von mir annimmst, gehörst du mir; denn niemand auf der Welt wird dir so viel entgegenbringen und sich deinen Wünschen in solcher Weise unterwerfen.« Die Abhängigkeit wird über die träge Bequemlichkeit einerseits und über die moralische Verpflichtung andererseits arrangiert.

Es sei hier nochmals betont, daß die Unterwerfer ihre eigene Rolle dabei nicht durchschauen und unbewußt alles so arrangieren, daß sie ihr Ziel erreichen. Sie erkennen nicht die Gefahr solcher Beziehungen. Wer von einem andern abhängig wird, verliert darüber im Laufe der Zeit seine Selbstachtung und entwickelt in diesem Zusammenhang zunehmend Aggressionen gegen jenen Menschen, der ihn unter Vortäuschung edler Motive in Abhängigkeit gebracht hat. Zuweilen werden solche Ehen erst in späten Krisen vor die schon seit Jahren sich aufstauenden Probleme gestellt. Andere finden leicht den Zugang bei solch gestörten Beziehungen von Mann und Frau, wenn sie ohne das bisherige Rollenspiel und ohne den andern in seiner Selbstachtung zu demütigen, also mit der Stützung eines neuen Selbstgefühls, in das Leben des andern eintreten. Dies wird dann als die große befreiende Liebe verstanden.

Der Seitensprung

Viele Seitensprünge kommen bei Männern und Frauen dadurch zustande, daß von lange her ein Defizit besteht, weil der Partner durch sein Verhalten entweder die Selbstachtung und das Selbstwertgefühl des andern nicht fördert, also keine positiven, den andern stärkenden Äußerungen darbringt, oder aber der andere über das Mangel-erleben-Lassen hinaus durch kritisch allzukritische und destruktive Äußerungen in seinem Selbstwert- und Eigenmachtgefühl abgebaut wird. Wenn in einer Beziehung Mangelleiden erlebt wird an Zuwendung, an Liebesbezeugungen, auch an Höflichkeit, schafft man den Boden dafür, daß ein anderer leichtes Spiel hat, als Wunscherfüller einzuspringen. »Meine Frau hat mir noch nie gesagt, daß sie an meinem Körper etwas nett findet. Noch nie hat sie mich wissen lassen, daß sie gerne mit mir schläft – das war immer eine Gnade.« Dieser Mann war überwältigt von einer harmlosen Begegnung mit einer jungen Frau, die ihn das erleben ließ, was ihm lange schon fehlte: Es wurde ihm viel Liebes gesagt, so daß er sich selbst angenommen und aufgewertet fühlte. Glücklicherweise besaß dieser Mensch soviel Stabilität und Besonnenheit, daß er darum nicht gleich in Abhängigkeit gegenüber dieser andern Frau geriet, vielmehr wurde ihm nur einiges bewußt, was mit Hilfe von psychologischen Beratungen in seiner Ehe sich grundlegend ändern konnte. Wer stark von unbewußten Bedürfnissen besetzt wird und wenig Ich-Kräfte besitzt, kann durch eine solche Befriedigung schenkende Begegnung dem andern hörig werden und dann schlagartig Frau und Kinder verlassen.

Was werden Frauen oft aufgewühlt und überwältigt durch Männer, die ein wenig aufmerksam sind, die sich einfühlen können in das, was manchen Frauen fehlt, nämlich etwas Beachtung, als Mensch ernst genommen zu sein, ein anerkennendes Wort! Eine Frau, die mit einem gefühlskargen, in seinen Äußerungen und Zuwendungen geizigen Mann seit elf Jahren verheiratet war, litt unter vielen Kopfschmerzen und funktionalen Herzstörungen. Sie verdrängte die Wahrheit ihrer Lebenssituation, nämlich sich bei ihrem Partner einsam, vernachlässigt, primitiv behandelt und unglücklich zu fühlen. Da alles Verdrängte sich in anderer Form wieder meldet, wurde sie in diesem Prozeß kränkelnd. All ihre Beschwerden verschwanden jedoch, nachdem sie etwas ganz Neues erlebt hatte. Eines Abends brachte ihr Mann Geschäftsbesuch mit. Einer der Herren äußerte schon beim Essen in seinem ganzen Verhalten echte Freude über ein gutes Mahl und die damit verbundene Mühe. Er prostete auf die Hausfrau, was diese stets übersehene Frau schon erröten ließ. Bei Gesprächen saß sie wie üblich still dabei. Er fragte sie in einigen Punkten, was sie dazu meine, und stellte fest, daß in Personalfragen Frauen oft sehr gute Einfälle und Lösungen fänden. Er würde oft auch im Geschäftlichen Frauen über ihre Meinung fragen und erhalte dabei viele Anregungen, meinte er. Zwischen ihm und der Gastgeberin entwikkelte sich später eine intime Beziehung, in der diese Frau all das an Zärtlichkeit, an körperlicher und vor allem psychischer Liebkosung erlebte, wonach sie seit Jahren gehungert hatte. »Er kann geben«, sagte sie. »Mein Mann gibt nur Geld und Grundsätze, sonst nichts.« Sie hat diesen Freund dann geheiratet, weil ihr Ehemann in der Konfrontation mit diesen Ereignissen außer Empörung nichts äußern konnte. Er fühlte sich moralisch hoch auf dem Roß und sprach von dem »hurigen Verhalten seiner Frau«. Seine Mitschuld, das, was er dem andern an Leiden angetan hatte, seine eigene menschliche Armut, all dies wollte er nicht sehen lernen. Er fühlte sich so sehr im Recht, wie es nur Menschen tun können, die im Unrecht sind. »Ich werde meinem Mann nicht fehlen; ich habe durch die Scheidung nur seinen Stolz und seine Eitelkeit gekränkt. Das, was ich für ihn war, kann eine gute Haushälterin voll ersetzen.«

Es ist in uns allen ein ernstes Bedürfnis, von andern Menschen als Mensch gebraucht zu sein, besonders von dem uns nahestehenden, geliebten Partner. Der Mensch ist ein Sinnsucher. Dies zeigt sich auch in seiner Beziehung zum Du und soll voll bejaht werden. Doch wollen wir uns als Ich und Du, als zwei Menschen auf gleicher Ebene begegnen und die Beziehung erwachsener Menschen aufbauen. Wir brauchen einander, um zu reifen, nicht um unsere Infantilität zu pflegen.

Ohne Ich kein Du

Falsche Harmonie durch Selbstaufgabe

Die Vorstellungen von einer guten Partnerschaft und Ehe sind verschieden. Da gibt es die Ansicht, daß Freundschaft, Partnerschaft und Ehe dann um so besser gelingen, wenn immer Frieden und Übereinstimmung herrschen. Dann darf man nie das sagen, was man denkt, muß immer Rücksicht nehmen und sein Selbst zurückstecken. Es soll möglichst wenig Verschiedenheiten geben, Nichtübereinstimmung wird schon als Schwierigkeit oder gar als tragisch empfunden.

Solche Gemeinschaften sind unlebendig, sie bringen keinerlei Anregungen und sind im Grunde eine recht lieblose Angelegenheit. Die Partner – mindestens einer von ihnen – leben in der ständigen Angst, was kommen könne, wenn jeder er selbst wäre. Diese Situation erinnert an die beiden Schwestern, die miteinander lebten und einander immer alles im Übermaß rechtmachen wollten. Sie aßen jeden Morgen ein Brötchen zum Frühstück, und jede gab der andern diejenige Hälfte, die sie gerne mochte. Als eine der beiden am Sterben war, meinte sie: »Ich habe dir immer nur Liebes tun wollen, darum habe ich dir auch jeden Morgen die untere Hälfte des Brötchens gegeben.« Es stellte sich jetzt aber heraus, daß die andere diese Hälfte eigentlich gar nicht mochte. Es war ein Irrtum auf beiden Seiten, den sie ihr Leben lang in vermeintlicher Liebe zueinander gepflegt hatten. Dieses Beispiel ist nicht so lächerlich, wie es sich vielleicht anhören mag. Solche Irrungen kommen tagtäglich vor im vermeintlichen Rechtmachenwollen und wenn wir wie ein Kind »lieb sein wollen«.

Im Laufe der Zeit entstehen in solchen Partnerbeziehungen unbewußt – und meistens verdrängt – Unzufriedenheit und Langeweile. Wer menschliche Beziehungen und Welterleben überhaupt in solcher Vordergründigkeit sieht, wer als Erwachsener noch als kindlicher Lieb-sein-Woller lebt, kann sich selbst als Du in eine Beziehung nicht einbringen. Dahinter steht die meist schon in der Kindheit erlebte Angst vor der Wirklichkeit des Menschen. Daß Leben einen Gestaltungsprozeß darstellt und in allem Lebendigen auch Widersprüchliches ist, müssen wir noch oft hören, um dies in unser Bewußtsein dringen zu lassen. Dann lernen wir auch Scheinfrieden von echten Lösungen zu unterscheiden. Wir sehen dann auch die Notwendigkeit, uns dem zu stellen, was nicht nach heiler Welt aussieht und eitlem Harmonie-Glück entspricht. Man lernt dann lebendiges Miteinanderleben vom Verweilen im friedlichen Schein-Tod zu unterscheiden.

Manchmal werden sich aber die Beteiligten plötzlich mit Schrecken bewußt, daß sie viele verlorene Jahre in einer Schein-Gemeinsamkeit verbracht haben. Ein solch »stummer Friede« ist auch dann vorhanden, wenn der eine auf Kosten des andern lebt. In diesen Fällen ist einer der beiden derjenige, der weiß, was er will, der immer neue Ideen und eigene Wünsche hat, dem immer einfällt, was man gemeinsam unternehmen könnte, der ganz betont er selbst sein kann und darf. Er lebt ausschließlich seinen eigenen Zielen entgegen und kommt gar nicht auf den Gedanken, daß der andere auch etwas wollen oder was dem andern angenehm und bekömmlich sein könnte. Er nimmt selbstverständlich an, daß alles, was *ihm* lieb und recht ist, auch für den andern und seine Ziele gut sei. Solche Menschen brauchen einen Partner, der sich unterordnen, einfügen und unterwerfen kann, dessen Willenskraft schwächer ist. Er soll derjenige sein, der die Wünsche des andern erfüllt, der sich anpaßt und sich in dieser Anpassung wohl fühlt. In seinem Wollen und Wünschen soll er also passiv, in der Ausführung der Anleitungen des andern aber aktiv sein. Die Partnersuche dieser Menschen richtet sich unbewußt nach diesen Wünschen und Ansprüchen.

Wer solche Wünsche hegt, wenn auch jenseits seines bewußten Erkennens, sieht zunächst sein größtes Glück darin, ein Du zu finden, das solche Wunscherfüllung optimal ermöglicht. Die Zufriedenheit mit dieser Art von Partnerschaft hält unter Umständen jahrelang an. Es ist aber interessant, zu verfolgen, wie neben der vordergründigen Bejahung dieser Situation allmählich Unzufriedenheit heranwächst, die immer einmal da beginnt, wo Zweisamkeit als Selbstbefriedigung benützt wird. Der andere wird in seiner Ich-Losigkeit verachtet und erscheint immer weniger liebenswert, zumal er keine Anregungen bringt, keine Auseinandersetzung ermöglicht, kein Du ist, das dem andern gegenübersteht. Die zunehmende Unzufriedenheit hat als Grundlage die Ahnung, daß die Monotonie nicht nur Langeweile und ewiges Echo bringt, sondern darüber hinaus im tieferen Sinne für beide Teile problematisch, um nicht zu sagen: sinnlos wird. Reifung kann sich auf diese Weise bei keinem der beiden vollziehen. Äußeres Wohlbehagen und Verwöhnung ersetzen nie das Glück lebendiger Partnerschaft und der damit verbundenen Erlebnisse einer Sinnerfüllung, auch wenn diese Art Partnerschaft mühsam und anstrengend ist.

Häufig wird die Voraussetzung einer Gemeinsamkeit und einer Freundschaft, nämlich die Fähigkeit, sich einzuordnen, sich einzufühlen und »mitschwingen« zu können, verwechselt mit der vorhin beschriebenen Unterordnung und mit Selbstaufgabe. Diese unterscheiden sich jedoch grundsätzlich von der Hingabe. Von klein auf wird man mit dem Bibelwort konfrontiert: »Liebe deinen Nächsten wie dich selbst«, ein Wort, das immer nur als Forderung zur Nächstenliebe interpretiert wird. Die große Weisheit dieses Wortes aber liegt gerade darin, daß es jegliche ideologische und übermenschliche Forderung ausdrücklich ablehnt. Der Zusatz »wie dich selbst«, der meistens übergangen wird, läßt auf eine tiefe Kenntnis der menschlichen Seele schließen. Wer sich selbst nicht gut ist, wer sich selbst nicht annehmen kann, wer einfach über die eigene Persönlichkeit hinweggeht und nicht zu sich selbst stehen kann, ist im Grunde nicht liebesfähig. Die vermeintliche Hingabe und Aufopferung solcher Menschen ist nicht Liebe zum Du, sondern einfach Kompensation. Man sucht im andern sich selbst, man liebt im geliebten Objekt das eigene Ich, und alles, was man für den andern vollbringt, vollzieht man um seiner selbst willen. Mit anderen Worten: Wer sich selbst nicht liebt, wer für sich selbst nicht verantwortlich sein kann, wird einem andern keine fruchtbare Liebe entgegenbringen. Wer eigene Ansprüche als verwerflich ansieht, wer nicht zu sich selber stehen kann, wer sich selbst verleugnet, der ist nicht in der Lage, ein Gegenüber zu sein, als Du dem andern entgegenzutreten.

Die Selbstverleugnung wird häufig von andern wie auch vom Verleugner selbst ethisch hochstilisiert. Dies wird oft als christlich, als Nächstenliebe, als Opfer für den andern dargestellt und hingenommen. In Wirklichkeit verbergen sich dahinter Unentwickeltheit und Schwäche, Unfähigkeit, sich als Mensch, nämlich als Subjekt, einzubringen. Wer selbst nicht als Gegenüber reagieren kann, sein eigenes Fühlen und eigene Stellungnahme nicht zu realisieren vermag, gefährdet nicht nur sich selbst, sondern auch den andern. Ein Partner, der keinerlei Stellungnahme erfährt, keine konstruktive Kritik, dem niemand sagt, wo seine Übertreibungen, seine Schwächen den andern belasten, lebt im luftleeren Raum. Wenn stets die Rückantwort ausbleibt, wird man am andern schuldig. Wir helfen einander nicht, indem wir alles nur ertragen und hinnehmen. Auch wenn wir uns miteinander mühen und aneinander reiben, bleibt immer noch genug, was wir aneinander gegenseitig zu tragen haben. Indem ich eigene Wünsche einbringe, eine eigene Ansicht vertrete, selbst etwas mitgestalten möchte, bringe ich Farbe und Bewegung ins Zusammenleben. Der andere wird dadurch eine Menge lernen, auch wenn er nicht mit allem übereinstimmen kann. Zum Beispiel müssen manche überhaupt erst verkraften, daß ihr Partner auch etwas zu sagen hat und dies vom eigenen Urteil völlig abweichen kann. Die Toleranz, dies zuzulassen, anzuerkennen oder gar zu fördern, muß in vielen Ehen erst erlernt werden. »Du bist mir in den Rücken gefallen«, meinte ein Mann vorwurfsvoll, als seine Frau bei einer Einladung nicht seiner Meinung war. Als ob Nachschwätzen der Ausdruck von Solidarität wäre. Es gibt viele Partner, die dem andern vorschreiben, was er zu sagen, wie er sich zu verhalten hat, was im allgemeinen dazu führt, daß der Bevormundete nicht das wird, was der andere erreichen möchte, sondern ein verunsichertes, ängstliches Wesen, das sich nicht üben und auch nicht in kleinen Schritten entfalten darf. Wer vom andern modelliert wird, wächst nicht!

Wir hören oft in Eheberatungen Äußerungen wie: »Mein Mann ist herzensgut, er erfüllt mir jeden Wunsch, ich habe nichts zu klagen – und doch komme ich um vor Langeweile. Mein Mann unterwirft sich all meinen Wünschen, er bringt keinen Vorschlag, er tut nur, was ich will, er weiß selbst nie, was wir unternehmen, was wir tun können. Und ich langweile mich mit ihm. Ich freue mich, wenn ein anderer Mensch zu uns ins

Haus kommt, der anregend ist, der selbst weiß, was er will, der mir widerspricht, der nicht nur das widerhallt, was ich selbst bin.« Oder Männer äußern: »Meine Frau ist die beste Hausfrau, sie ist treusorgend für uns alle, sie ist aufopfernd für mich und die Kinder, aber ich habe keinen Partner. Nun habe ich einen Menschen kennengelernt, und mit diesem Menschen ist es schwieriger, zusammenzuleben. Es entstehen oft Spannungen durch unterschiedliche Meinungen, aber ich lerne sehr viel. Ich lerne zum Beispiel nachzugeben oder ich lerne überhaupt, was ein Partner ist.« Die erste Frau dieses Mannes war liebevolle Dienerin, die nie widersprach, nie kritisierte, sich auch nie einem Unsinn oder einem Extrem in der Anschauung ihres Mannes widersetzte, die nie Eigenes beanspruchte; sie meinte selbstlos zu sein und war in Wirklichkeit nur ich-schwach.

In diesem Fall erlebte ich, wie diese erste Frau, als ich sie bei der Beratung kennenlernte, gebrochen und elend sich nicht mehr in der Welt zurechtfinden konnte; denn sie hatte geglaubt, durch ihr ständiges Anpassen, Rechtmachenwollen, durch ihre »Aufopferung«, wie sie es nannte, dem andern Menschen alle besten Möglichkeiten zu bieten. Es war ein sinnloses Opfer, denn durch Selbstaufgabe ist einem anderen Menschen nicht geholfen, zu sich selbst zu finden. Vielleicht hat diese Frau in der Selbstaufgabe unbewußt den Partner binden wollen, denn wer sich solchermaßen aufopfert und für den andern blindlings alles tut, glaubt den moralischen Anspruch für die absolute Dankbarkeit des Partners und für seine Treue erheben zu können und will dadurch den andern zu sich »zwingen«. In solchen Fällen ist immer zu untersuchen, was die Motive dieser Haltung sind. Die Betroffenen selbst sind sich meist nicht im klaren darüber, warum sie so handeln. Manchmal sind derartige Haltungen ideologisch provoziert. So lebt in vielen Frauen auch heute noch die Vorstellung, eine Frau habe grundsätzlich den Mund zu halten, sich dem Mann unterzuordnen und sich ihm anzupassen.

Noch einmal: Wer nichts Eigenes vertreten und behaupten kann, kann auch den Partner nicht fördern. Er läßt ihn in seinem eigenen Widerhall hängen und regt bei ihm keine Weiterentwicklung an. Eine Zeitlang mag es bequem und für den andern angenehm sein, auf längere Sicht dagegen wird es als Mangel empfunden, als eine nicht erfüllte Partnerschaft. Oder es entsteht eine andere Entwicklung: Will der willensstarke Partner immer nur seine Wünsche erfüllt haben, erfährt er durch die Gegenüberstellung der Wünsche des andern keinen Widerstand, so wird er im Laufe der Jahre immer mehr ich-bezogen und wird es immer krasser als selbstverständlich ansehen, daß nur seine Wünsche in den Vordergrund gerückt werden. Das führt dann in das Stadium der Rücksichtslosigkeit, die vom andern nicht nur angenommen, sondern geradezu provoziert wird. Als Vater erwartet ein solcher Mensch von seinen Kindern Unterordnung statt Einordnung. Er spielt sich selbst zum Egoisten und zum Tyrannen hoch. Damit ist ihm aber entscheidender Schaden zugefügt. Es gibt keinen Aspekt, der hier noch etwas Positives erkennen läßt.

Wer nur nach *seinem* Kopf und nach seinen Ideen lebt, wird immer in seinen dadurch gegebenen Grenzen bleiben. Zwei Köpfe sind mehr als einer, vier Augen sehen mehr und vier Ohren hören mehr als zwei. Zwei Menschen sind mehr als einer. Diese simple Feststellung ist etwas Grundsätzliches für eine Partnerschaft. Auch wenn der andere ganz andere Ansichten vertritt als ich, auch wenn er Ideen äußert, die ich zunächst überhaupt nicht akzeptieren kann, so könnte ich doch im Laufe der Zeit, wenn ich meinen Partner in seinem Denken und Fühlen verstehen gelernt habe, gerade für mich in meiner extrem anders gearteten Anschauung viel lernen und manche Anregung bekommen.

Daß man durch Ich-Bezogenheit und ewiges Rechthaben-Müssen am andern schuldig wird, weil man des andern Art verleugnet und übergeht, ist nicht zu widerlegen. Wenn man in sich selbst alle Maßstäbe zu haben glaubt und keine ergänzenden Aspekte ertragen kann, verunsichert man seine Mitmenschen. Dies ist der gefährliche Teil jeglicher Egozentrik. Dabei werden andere Menschen aktiv oder passiv – indem man sie darben läßt und sie übergeht – geschädigt. Wie sehr solche von sich selbst behinderten Menschen, die gleichsam nur in sich selbst sich im Kreise drehen, Karussell fahren, ohne vom Fleck zu kommen, selbst geschädigt und behindert werden durch ihre krankhafte Abschirmung vor dem, was Nicht-Ich ist, was andersartig ist, andere Apekte der Welt darbringt, darüber wird noch zu wenig gesprochen.

Einmauerung zu zweit

Man kann jedoch nicht allein mit sich selbst die Einmauerung betreiben, sondern auch zu zweien. Es gibt Paare, die nur Wesensgleiche und Gleichdenkende suchen. Sie treiben mit ihren Gedanken und Anschauungen, zum Teil auch mit ihren Gefühlen eine Art Inzucht. Zweifellos steht dahinter die Angst, sich selbst nicht gut vertreten, erklären und behaupten zu können, letzten Endes die Angst vor der Spannung, die immer auszuhalten ist, wenn etwas anders ist als ich selbst. Wer sich der Weltoffenheit, dem Offensein für andere Menschen, andere Gedanken und Gefühle entzieht, steht meist selbst auf schwachen Füßen. Selbstverständlich lohnt es sich nicht, jeden Kontakt zu pflegen und mit Menschen zusammenzusein, mit denen uns nichts verbindet, die uns keine positive Begegnung ermöglichen. Wer jedoch überhaupt niemanden hat, mit dem er Kontakte pflegt, wer immer vorgibt, daß sich das Zusammensein »nicht lohnt«, ist kontaktgestört und lebt im Rückzug vor den andern. Dann kann die Zweisamkeit problematisch werden.

Häufig kann man beobachten, daß Menschen nur ihre Freunde, nur solche Menschen bei sich sehen möchten, die ihnen sympathisch sind, mit denen sie sich in ihrer spezifischen Eigenart unterhalten können und die mehr oder weniger ihre Meinung teilen. Andernfalls wünschen sie lieber keine Gäste. Andersdenkende Bekannte des Partners werden lächerlich gemacht, kritisiert und abgewertet oder so lange unfreundlich behandelt, bis sie entweder von selbst nicht mehr kommen, oder aber bis der Partner sie nicht mehr einzuladen und den Kontakt zu pflegen wagt. Dabei spielt die Vorstellung eine Rolle, in der Ehe oder in der Intensivierung der Beziehung zu einem Du müßte alles aufgegeben werden, was bisher gegolten hat: Freunde, Bekannte, Teilnahme an einer Gruppe, einem Chor, einem Turnverein, einer Rhythmikgruppe usw. Es wäre aber für das Gedeihen mancher Ehen günstig, wenn die Partner einmal in der Woche einen Abend getrennt verbringen, damit jeder seine eigenen Interessen, die nicht die Interessen des andern sind, pflegen und sich daran freuen kann.

Wir sollten uns mit den Menschen treffen, die uns lieb und wert sind, auch wenn unser Partner zu ihnen keinen Kontakt findet. Für manche Frau ist es zuweilen erholsam, mit einer Nachbarsfrau eine Stunde zusammenzusitzen und sich über die banalen Dinge des Haushalts oder über Kinderfragen oder auch über Belangloses zu unterhalten, weil sie sich dabei entspannt und Themen anrührt, die sie angehen. Wer nicht berufstätig ist und bis zum Abend nur mit seinen Kindern sprechen kann, dem wird oft eine Unterhaltung über Alltägliches zur Abwechslung. Frauen neigen viel zu rasch dazu, die alten Freundinnen aufzugeben und den Kontakt mit ihnen nicht weiterzupflegen, oder haben oft nicht den Mut, neue Kontakte aufzubauen.

Es ist bedauerlich, daß der Mangel an Kontaktfreude bei einem der beiden meist dem Paar die Prägung gibt. Die wenigsten erwachsenen Menschen haben den Mut, selbständig Kontakte zu pflegen, zum Beispiel regelmäßig zum gemeinsamen Musizieren jemanden einzuladen, wenn der Partner nicht daran teilzunehmen bereit ist, oder ein anderes Paar einzuladen, das man sympathisch und anregend findet, mit dem jedoch der eigene Partner keinen Kontakt wünscht. Dabei ist es doch nichts weiter als ein sinnloses Vorurteil, zu glauben, daß man immer als Paar auftreten müsse. Die Wahrheit und die tatsächlichen Zusammenhänge werden von den andern meist akzeptiert und oft sogar verständnisvoll aufgenommen, wenn man den Mut hat, sie auszusprechen. Wer seinen Bekannten offen kundtut, daß sein Partner oder seine Partnerin sich gerne zeitweise zurückzieht und mit sich alleine sein muß oder sich seinen Geschäften oder Interessen widmen will oder überhaupt wenig Kontaktbedürfnis hat, muß sich deshalb nicht schämen. Meist entwickeln sich die Verhältnisse dann so, daß der andere zeitweise auch noch für eine Stunde dazukommt oder auch nicht, dafür aber nachher erlebt, wie sehr der Partner durch Bekannte und durch anregende Unterhaltung sich entspannen konnte und wohl fühlt. Es ist falsch, eigene Kontaktbedürfnisse um des andern willen immer zurückzustellen.

Wie oft werden Ausflüchte gebraucht: »Es war so entsetzlich langweilig. Es wurde nur Banales gesprochen. Es wurde nur getrunken, und sonst war nichts.« Solche Menschen sind häufig von einem gewissen Hochmut geprägt, von dem sie meist nichts wissen und den sie für ihre Selbsterhöhung pflegen. Hochgestochene Intellektuelle gehören hierher, die sich wegen ihres kleinen Wissensvorsprungs unendlich viel zugute halten und nicht wissen, wo es ihnen fehlt. Wenn sie nämlich mit Menschen, mit denen man nicht fachsimpeln oder auf intellektueller Ebene sprechen kann, sich nicht mehr unterhalten und bei ihnen sich nicht mehr wohl fühlen können, sind sie im Grunde verarmt und haben ihre meist mühsam erworbene Intellektualität nicht verkraftet. Dieser Prozeß ging auf Kosten ihres Gemüts und der Differenzierung im Emotionalen, was sich immer auch in der Art des Denkens ausdrückt. Wenn Langeweile herrschte, wo ich dabei war, so lautet der logische Schluß, daß ich selbst langweilig gewesen bin. Wenn Banales gesprochen wird, könnte ich doch durch eine Frage, eine Erzählung, einen Einwand dem Gespräch eine Wende geben. Ich kann etwas berichten, was ich gelesen habe und was mich interessiert, und dabei erfahren, wie andere darauf reagieren und andere darüber denken, oder auch warum dies andere nicht interessiert. Wer selbst nicht langweilig ist, hat nie Langeweile. Selbst wenn meine eigenen Interessen an einem Abend nicht berührt werden können, gibt es doch immer eine Menge zu erleben, zu beobachten, zu fragen, wenn ich am andern Menschen Interesse habe und überhaupt etwas vom andern sehen, hören und erleben möchte.

Ich könnte aber dann, wenn im Gespräch nicht viel in Gang kommt, auch die andern zu etwas anderem anregen, zum Beispiel, daß immer zwei sich zusammentun und einem von beiden abwechselnd die Augen zugebunden werden. Er wird dann geführt und soll ertasten, was ihm in die Hände kommt: Dinge, Pflanzen, Menschen. Danach wird im Kreis darüber gesprochen, was man dabei erlebt hat, was einen besonders anrührte oder erschrecken ließ. Dies klingt ganz harmlos, führt aber zu überraschend interessanten Erlebnissen, die man mit sich alleine nicht finden kann. Oder das Spiel, daß sich immer wieder einer in die Mitte setzt und alle der Reihe nach ihm etwas sagen, was man an ihm mag oder sympathisch findet. Dabei gilt es, ehrlich zu sein. Manche erleben dabei viel von sich selbst, etwa daß sie zwar das Negative gut erkennen, aber Liebenswertes oder Positives nur recht schwer finden. Noch nie hat es solche Mengen an Anregungen gegeben, wurden so viele Bücher darüber geschrieben, die unterhaltende und anregende Beiträge leisten für Kontaktnehmen und Miteinandersein, wie in unserer Gegenwart. Wer langweilige Abende mit Trinken, Rauchen und Blabla zubringt, ist selbst schuld. Er könnte eine neue Art, Gemeinsamkeit zu gestalten, bei sich zeigen, indem er bei seinen Einladungen solche Versuche einleitet und die andern zum Mitgestalten anregt. Langweilig ist die Welt immer nur für den, der selbst nichts zu gestalten und anzuregen vermag und den nur ganz wenig interessiert.

Nehmen wir an, eine Frau hat auf einer Reise die Bekanntschaft eines andern Paares gemacht und möchte die beiden nun zu sich nach Haus einladen, um mehr Kontakt mit ihnen zu pflegen. Sie fürchtet jedoch die ablehnende und wenig kontaktfreudige Art ihres Mannes, der gar zu leicht solche Abende zu einem Mißerfolg werden läßt. Zunächst sollte man die Situation und vor allem die eigenen geheimen Befürchtungen offen miteinander vorbesprechen, müßte seine geheime Angst und Sorge klar und deutlich vorbringen. Man müßte dem andern mitteilen: »Es ist doch seltsam, daß ich immer fürchten muß, du akzeptierst diese Menschen nicht.« Oder: »Du fühlst dich ihnen zu sehr überlegen.« Oder: »Du bemühst dich nicht, auf sie einzugehen, wenn sie nicht in dein Interessenschema passen.« Man kann den andern bitten, sich nicht in dieser Weise zu verhalten, vielmehr zum Gelingen des Abends beizutragen. Sollte ein Partner sich dennoch kontaktstörend verhalten, ist dies eine aufschlußreiche Aussage: Dann offenbart sich, daß er tatsächlich entweder hochmütig ist oder keine Anpassung zu leisten bereit ist, es vielleicht auch grundsätzlich ablehnt, dem andern etwas zuliebe zu tun, was ihm nicht selbst ausgesprochen Spaß macht. Auch dies muß dann klar und deutlich im

Gespräch formuliert werden. In einer solchen Aussprache kann unter Umständen zum Vorschein kommen, daß hinter der zur Schau gestellten Überlegenheit etwas wie Kontaktangst steht. Solche Menschen finden immer Ausreden, um sich vor neuen Kontakten zu schützen und Geselligkeit abzuwehren. Wichtig ist das deutliche und nicht nur andeutende Aussprechen dessen, was mit dem jeweiligen Thema verbunden ist. Die damit zusammenhängende bewußte Betrachtung von Verhaltensweisen bringt Bewegung in eine erstarrte Situation. Es genügt nicht, nur festzustellen: »Du hast keine Freunde, nie bringst du jemanden mit nach Hause, weder alte Freunde noch Berufskollegen.« In dieser Form werden nur Vorwürfe vorgebracht, es wird jedoch nichts in Gang gesetzt. Das Gespräch muß in der Weise geführt werden, daß der Partner vorzubringen wagt, wovor er sich fürchtet, was ihn an der Kontaktpflege hindert. Erst dann kann man gemeinsame Lösungsversuche anpacken.

In dem Augenblick, in dem ich meinen Partner nur verurteile und die gegebene Situation lediglich mit Kritik angehe, gebe ich ihm keine Hilfestellung. Entscheidend ist immer zu überlegen: Wie kommt es denn, daß der andere nicht wagt, seine Bekanntschaften und Neuentdeckungen ins Haus zu bringen? Braucht er von mir eine Hilfe dazu? Oder bin ich ihm zu anspruchsvoll, zu hochmütig? Hat er Angst vor mir, mache ich ihn unsicher? Wenn ich nicht bereit bin, mich selbst in Bezüge verknüpft und in Zusammenhängen zu sehen, entwerte ich nur meinen Partner und denke etwa so: Er ist zu ungeschickt, er ist kontaktunfähig, er gewinnt niemand für sich. So komme ich natürlich nicht auf tiefere Zusammenhänge, die darin bestehen, daß ich mich selbst als Du immer in Bezug sehen muß, weil ich ja mit dem Sozialverhalten meines Partners im Zusammenhang stehe. Der einzelne Partner sollte den Mut aufbringen, seine eigenen Interessen selbst dann weiterzuverfolgen, wenn sie dem andern wenig Spaß machen. Natürlich ist es dann wichtig, daß derjenige, der nicht in den Schwimmverein mitkommt, sich zu Hause allein nicht verlassen vorkommt oder gar mit Vorwürfen reagiert, sondern selbst so viel Persönlichkeit ist, um zu wissen, was für ihn an diesem Abend das Richtige ist und Freude macht: einen Freund oder Kollegen einladen,

Briefe schreiben, lesen oder was es sonst sein mag und was dem andern kein Interesse abgewinnen kann. Dieses Selbständigsein und -bleiben ist eine ganz wesentliche Grundlage für die Ich-Du-Beziehung. Denn wer mit sich selbst nichts anzufangen versteht, ist im Grunde genommen bereits auf dem Weg zur Ich-Schwäche und zur Ich-Losigkeit und verliert damit die Fähigkeit zur Partnerschaft.

Immer noch geistert die Vorstellung in den Köpfen: »Ich darf meinen Mann doch abends nicht alleine lassen.« Oder: »Ich kann doch nicht weggehen, wenn mein Mann müde vom Geschäft nach Hause kommt.« Solche Gedanken entbehren jeder vernünftigen Überlegung. Ein ausgewachsener Mann ist kein kleines Kind mehr; als normaler Erwachsener kann er sich sein Abendbrot alleine richten und die Abendstunden alleine vergnüglich gestalten, so daß er sich entspannt und ausruht. Anzunehmen, daß dazu stets seine Frau zu Hause bleiben müsse, ist völlig abwegig.

Wer nicht an seine eigene Freude, an eigenes Entspannen, an eigene Genüsse denkt, wer nur der Pflicht lebt im Sinne von »Ich opfere mich auf, ich will nur für meine Ehe, für meinen Partner, für meine Kinder, für meine Familie dasein«, hält dies nicht lange ohne Schaden durch. Meist bemerken diese Menschen gar nicht, daß sie im Grunde längst übermüdet, gereizt, nervös, körperlich anfällig, daß sie im tiefsten Innern verbitterte Menschen sind, humorlos werden oder plötzlich aggressiv sein können und dabei gar nicht wissen, woher das kommt. Man wundert sich darüber, daß die einen so ich-stark sind, den andern ganz für sich beanspruchen und – fast möchte man sagen: auffressen, die andern hingegen sich unterordnen und willenlos fügen. Die Erklärung liegt häufig darin, daß derartig ich-hafte Typen schon im Elternhaus zu unsozialem Verhalten erzogen wurden. Durch Verwöhnung kann dies leicht geschehen. Man kann beobachten, daß Männer, die als Jungen durch das falsche Verhalten ihrer Mütter zu der irrigen Überzeugung kommen, sie seien etwas Besonderes, diese Meinung unbewußt weiterpflegen, wenn sie erwachsen sind. Dann frönen sie unweigerlich der Vorstellung, der weibliche Partner habe für sie dazusein, habe sich ihnen zur Verfügung zu stellen wie eine Sache, habe sie zu bedienen und weiterhin zu verwöhnen. Das sind anerzogene Haltungen, wie wir sie in Afrika und im Orient, manchmal auch in Asien vorfinden. Unserem mitteleuropäischen Kulturstand des 20. Jahrhunderts sind sie aber nicht angemessen. Trotzdem sind sie in unserer Gesellschaft noch weit mehr anzutreffen, als wir wahrhaben wollen.

Muttersöhne als Ehemänner

Betrachten wir einen Augenblick die heutige Situation der Frau und ihre daraus resultierenden Probleme: Die Frauen tragen wesentlich zu den Fehlentwicklungen der Jungen und zukünftigen Männer durch ihre mütterliche Erziehung und durch ihre Mutter-Sohn-Beziehung bei. Wenn wir heute feststellen müssen, daß die Frauen trotz großer psycho-physischer Belastbarkeit und Zähigkeit weitaus stärker von psychischen Leiden und Erkrankungen ergriffen werden als die Männer, so ist dies nicht ohne Grund. Sie werden in eine männlich geprägte und dadurch vereinseitigte Welt als »nur ein Mädchen« hineingeboren. Bei der Geburt meiner dritten Tochter wurde mir bei der üblichen Gratulation mehr oder weniger deutlich »kondoliert«. Schon die Mädchen-Babys sind vielen Vätern und Müttern eine Enttäuschung. Nicht wenige Väter können mit ihnen »nichts anfangen«. Entscheidend aber ist die Tatsache, daß Mütter unbewußt und oft gegen besseres Wissen ihre kleinen Mädchen stark benachteiligen gegenüber ihren vorhandenen oder nachfolgenden Jungen. Dies resultiert aus ihrer persönlichen Problematik. Da sie selbst von klein auf unter diesem Schicksal zu leiden hatten und ebenfalls früh schon durch die eigene Mutter Frustration erlebten, vollzog sich die Identitätsfindung für viele Frauen nicht oder recht unzulänglich. Die Geburt eines Jungen steigert dann ihr Ansehen und Prestige. Die Identifizierung mit ihm bringt ihnen endlich Anteil an dem in unserer Kultur so sehr geschätzten Männlichen. Wie sehr Mütter über die Söhne ihr Selbstgefühl aufbauen, sich mit ihnen identifizieren, den Sohn als ergänzendes Ich betrachten, wollen die meisten nicht wahrhaben. Manche Männer sind auf ihre Söhne berechtigterweise eifersüchtig, weil der Sohn in solchen Familien von der Mutter zum Prinzen erkoren wird. Dann wird er verwöhnt, von der Mutter sklavisch bedient und zum fordernden Tyrannen erzogen, während er doch Kind sein können sollte, einbezogen werden müßte als Partner und Helfer in das Familienkollektiv. Von solchen Müttern wird dem Sohn gegenüber alles entschuldigt, fast alles erlaubt, nichts gefordert. Sie selbst fühlen sich glücklich in ihrer verwöhnenden Rolle, in der ebenfalls unbewußten Annahme und Hoffnung, daß der Sohn durch ein solches Maß an Zuwendung, Aufopferung und vermeintlicher »Liebe« sich nie von einem abwenden kann. Verwöhnung macht abhängig, unselbständig und unfrei. Man braucht dann den Verwöhner. Solche Söhne werden als Mann-Ersatz mißbraucht. Alle Liebe fließt diesem Sohn zu, weil zum Ehemann eine erwachsene Partnerschaft nicht oder nur teilweise vollzogen werden konnte. Die Beziehung zu Kindern wird häufig als Ausweg benützt, weil in Kinder viel hineinprojiziert werden kann. Sie werden in fremde Kleider verpackt, um das darzustellen, was Mütter wünschen. Manche Männer haben allen Grund, auf ihren Sohn eifersüchtig zu sein, weil alle Kraft der Zuwendung nur ihm zufließt wie einem Märchenprinzen, den die Mutter am liebsten selbst heiraten würde. Solche Frauen verkraften eine wirkliche Beziehung zu einem erwachsenen Mann kaum und stehen psychisch noch auf der Stufe, da man sich einen Prinz- oder Wunschgemahl ersehnt statt einen realen Mann und Menschen. Manche Frauen werden auch zu solch neurotischer Sohnesliebe verführt, wenn sie vom Partner zu wenig an differenzierter Zuwendung, ein zu kleines Maß an sensibler Teilnahme an ihrem persönlichen Frauenleben erfahren durften. Die Kindes-Sohnes-Liebe soll dann Ersatz bringen für manche Vernachlässigung und manches Unverstandensein, aus dem solche Frauen sich nicht selbst herausarbeiten konnten. Daß es in gleicher Weise auch neurotische Vater-Tochter-Beziehungen gibt mit denselben Gefahren und Spätauswirkungen, muß nicht betont werden. Nicht allein die entwicklungsnotwendige puberale Ablösung wird von solchen Töchtern und Söhnen nur unter Schwierigkeiten vollzogen, sondern auch der Weg zu sinnvoller Partnerschaft wird damit außerordentlich erschwert.

Erst in jüngster Zeit werden diese Zusammenhänge allmählich erkannt, und es wird mehr und mehr formuliert, wie schwierig es für ein weibliches Wesen ist, die eigene Identität und die Ich-Kräfte zu entwickeln. Die in vielen Frauen vorhandene Neigung zu depressiven Reaktionen, ihr Geübtsein im Leiden und im Ertragen ist der Frau nicht wesensmäßig von der Natur mitgegeben, wohl aber über Jahrtausende hinweg praktiziert worden. Einer der Irrtümer Freuds war die Annahme, Frauen seien von Natur aus masochistisch veranlagt. Darüber, was im 20. Jahrhundert noch über die Psychologie der Frau gelesen, geschrieben und heute auch noch praktiziert wird, werden die denkenden Menschen einer späteren Zeit sich ebenso verwundern wie wir uns heute über den Sklavenhandel und andere Menschenunwürdigkeiten.

Erst wenn man diese Hintergründe kennt, wird man die Folgen richtig begreifen, die sich für die Söhne und deren Partnerfähigkeit ergeben. In den Ehen und in den eheähnlichen Beziehungen entstehen Machtkämpfe der Geschlechter und müssen die alten Vorurteile ausgetragen werden. Ist es schon bisher für die Frau immer schwieriger gewesen, zu sich selbst zu finden und sich anzunehmen, so ist der Weg vom Ich zum Du nahezu unmöglich, wenn sie einen Partner findet, der aus seiner Mutter-Beziehung und seiner darin begründeten Haltung heraus seine Frau nicht als Partner erleben kann, sie vielmehr in die alte Rolle drängen will, in der sie ihn verwöhnen und bewundern soll, in der sie nur für ihn dazusein hat, wie seine Mutter es tat oder er es sich wünschte.

Wie albern sich ein erwachsener Mensch verhalten kann, wie ungerecht und egozentrisch, kann sich ein normal entwikkelter Mensch gar nicht vorstellen. Ein Mann setzt sich jeden Abend vor den Fernseher und glaubt darin seine Feierabendentspannung zu finden. Er erwartet von seiner Frau, daß diese dies auch schön findet und mit ihm die Abende zusammen in solcher Weise verbringt. Wenn seine Partnerin damit unzufrieden ist und zum Beispiel abends mit ihrer Freundin eine Stunde telefoniert, ist er verärgert und gibt dies auch zu erkennen. Was der Infantile dem andern an Tyrannei aufbürdet, ist maßlos. »Meine Frau will einfach nicht verstehen, daß ich abends zu

Hause bleiben und niemanden sehen will, nachdem ich den ganzen Tag mit andern Leuten zu tun hatte. Sie geht auf meine Bedürfnisse viel zu wenig ein.« Dies klingt überzeugend und logisch. Bei näherem Hinsehen zeigt sich jedoch, daß er genau das, was er seiner Frau vorwirft, selbst praktiziert: Er geht nicht auf ihre Bedürfnisse ein und vermag nicht zu fühlen, daß sie nach einem Tag, da sie niemanden gesehen und gehört, nur mit ihrem kleinen Kind zu tun hatte, Gespräche und Kontakte suchte. Er sah nur sich. Alle Lösungen mit Kompromissen empfand er als Zumutung. Seine Frau sollte möglichst auch nicht nachmittags zu andern Leuten gehen. Er wollte auch nicht das Kind abends versorgen, damit sie einmal wöchentlich in einen Tischtennisclub gehen konnte. Das war ihm alles zuviel. Es war aber ganz selbstverständlich, daß er jede Woche in seinen Singchor ging und an manchen Wochenenden in seinen Kegelclub. Er kam gar nicht auf den Gedanken, daß seine Frau ein Mensch ist, der Bedürfnisse hat wie er selbst. Im Grunde wollte dieser gedanken- und gefühlslose Mann alle Vorteile einer Zweisamkeit haben: Er wollte Frau und Kind haben, die zu ihm gehören, wollte abends zu Hause erwartet sein, empfangen werden, Umsorgung erleben, wollte danach seine Ruhe haben und zwischendurch das, wonach ihm verlangte. Dazu gehörten Sexualität ohne Liebesaufwand, Tröstungen bei Geschäftsärger, Einladungen *seiner* Freunde und Bekannten und darüber hinaus die Freiheit und Unbekümmertheit eines Junggesellen. Im Grunde war er ein Ausbeuter seiner Frau. Zu dieser Rolle hatte ihn seine Mutter schon erzogen. Auch sein Vater hatte Mann-Sein in solcher Weise verstanden. Nie hatte er gesehen und erlebt, wie differenziertere Menschen miteinander leben. Selbstverständlich hatte er auch nur solche Freunde gefunden, die ähnlich geprägt waren. Gleiches zieht sich in diesem Bereich an. Anders geartete Menschen suchen auch nicht mit diesen Typen Kontakt und Verbindungen.

Für den Mann ist es seinerseits nicht einfach, sich von solchen früheren Eindrücken frei zu machen, die in ihm die Vorstellung erweckten, man könne schon deshalb Ansprüche stellen und etwas bedeuten, weil man ein Mann ist. Wer sein Selbstgefühl aus dem Geschlecht bezieht, vollbringt nur wenige

Reifungsphasen, klammert sich an diese kindliche Form der Selbstbestätigung und hat große Schwierigkeiten, sich zu emanzipieren. Häufig kommt noch erschwerend hinzu, daß der Vater ebenfalls unter diesem Leitbild stand, wodurch die Fähigkeit des Sohnes zur Partnerschaft in verstärktem Maß verhindert wurde. Einem Mann, der sein Selbstgefühl nur aus der Identifikation mit dem Mannsein – also mit dem Penis – aufbaut, steht der Weg zum Selbst und zum Menschen erst noch bevor. So haben die Abwertung des Weiblichen und die Überhöhung des Männlichen beiden Geschlechtern große Entwicklungsbehinderungen gebracht.

Erlebt ein Kind bei seinen Eltern, daß ein Elternteil den andern dirigiert und daß der eine auf Kosten des andern lebt, so identifiziert es sich, wenn es einigermaßen die Kraft dazu hat, mit dem Elternteil, der bestimmt und dessen Wünsche erfüllt werden. Ein Junge wählt sich also normalerweise die bestimmende Rolle des Vaters und übernimmt seine Verhaltensart andern gegenüber. Dieses Leitbild wird unbewußt später in eine neue Partnerschaft hineingenommen, die er zwar ganz anders gestalten will, als seine Eltern es getan haben – denn er hat sicher öfters gesehen, daß manches in der Ehe der Eltern nicht harmonisch war –, in der er aber dennoch seine Grundeinstellung intensiv praktiziert. Denken wir auch an die Beispiele der verwöhnten Mädchen, die zu Hause, wo man in ihnen schwache und zarte Geschöpfe sehen wollte, verwöhnt und, immer von den Realitäten des Lebens ferngehalten, in ihrem Mädchentum gepflegt und sogar verhätschelt wurden. Als erwachsene Frauen verlangen sie, vom Mann durchs Leben auf Händen getragen zu werden; pochen auf seine Ritterlichkeit und versuchen so – etwas überspitzt formuliert –, eine gewisse Tyrannei auszuüben, indem sie unbewußt oder bewußt mit ihrer Schwäche kokettieren.

Die nur um sich selbst besorgten und nicht zu einem Du vordringenden Menschen wissen immer ganz genau, wie ihr Partner sein soll: »Meine Frau muß sehr attraktiv sein. Sie darf mir vor andern nicht widersprechen.« »Meine Frau muß mir beim Frühstück die Brötchen streichen, Kaffee eingießen und alles richten, damit ich mich nur hinzusetzen und zu essen brauche«, hörte ich einmal einen jungen Mann sagen. Eine junge Frau meinte: »Ich heirate nur einen Mann, der auf mich eingehen kann, mir meine Wünsche erfüllt. Sonst habe ich kein Interesse an einer Ehe.« Oder: »Den Mann, den ich mir wünsche, stelle ich mir so vor, daß er gut auftreten kann, gescheit zu reden versteht und privat wie auch beruflich Erfolg hat. Ich möchte einen Mann, der Anerkennung findet.« Bei all diesen Äußerungen ist leicht zu durchschauen, um was es hier jeweils geht. Es sind immer Wünsche und Forderungen, die an den andern gestellt werden. Diese Menschen kommen gar nicht auf den Gedanken, daß auch der Partner etwas von ihnen erwartet und was sie für ihn tun können und wollen.

Kleine Beispiele mögen dies illustrieren, die man zu Hause oder in anderen Familien täglich beobachten kann: Wer springt auf, wenn bei Tisch ein Löffel oder etwas anderes fehlt? Ist es immer dieselbe Person? Wer geht den Käse holen, wenn einer ihn noch zum Nachtisch wünscht? Wechseln sich die Partner bei solchen Hilfeleistungen ab, oder ist es immer derselbe, der bedient? Lernen wir doch im Alltag mehr wahrzunehmen! Gerade in Situationen, in denen wir in die Gewohnheit fixiert sind und unbewußt handeln – weil wir aus der alltäglichen Mechanik handeln –, gerade hier müssen wir das menschliche Verhalten beobachten, sehend werden und uns selbst und den andern bewußt erleben.

Der Anspruch, verwöhnt zu werden

Die primitivste Stufe, dem andern seine Zuneigung und sein Wohlwollen angedeihen zu lassen, ist der Weg über die Ernährung. Es gibt immer noch Mütter, die wie die Tiermütter ihre Hauptaktion darin sehen, möglichst viele gute Brocken in das geliebte Kind hineinzustopfen, ihm auf diese Weise viel Gutes zukommen zu lassen. Dies sind sicher Verhaltensweisen aus der frühen Phase der Menschheit, als es noch schwierig war, sich gut zu ernähren bzw. gute Brocken zu erlangen. Die Zuneigung über Umsorgung und Verwöhnung im Bereich des Essens und des Leiblichen überhaupt zu erwarten haben speziell solche

Erwachsene, die als Kind in solcher Weise geliebt wurden und dies immer noch als Ausdruck von elementarer Zuneigung verstehen. Wer darüber hinauswächst, dem wird dies lästig. Sofern man keinen andern Zugang zum geliebten Menschen findet, kann dies ein Leben lang praktiziert werden. Aus der Erfahrung solch einfältiger Zuneigung entsteht für den, der damit aufwächst, die Vorstellung, Lieben sei etwas bekommen, sei die Wunscherfüllung durch den andern.

Aus solcher Haltung heraus fallen dann solche Äußerungen: »Wenn du mir das nicht zuliebe tun magst... Wenn dir das zuviel ist... Wenn du das nicht verstehst... Wenn du auf mich nicht eingehen willst...« Die Fortsetzung dieser Sätze lautet immer: »...dann liebst du mich nicht.« Dahinter steht immer: »Wenn du mir nicht gibst, was ich haben möchte, vermagst du nicht zu lieben.« Aber gerade die, welche immer erwarten, viele Ansprüche und Forderungen stellen, die immer sehen wollen, ob der andere sie liebt, sind die Liebesunfähigen. Es ist ein ganz gesundes und psychologisch gesehen auch folgerichtiges Verhalten, wenn Partner solcher Haben-Woller im Laufe der Zeit die Rolle, als Wunscherfüller eines unreifen Menschen zu fungieren, immer mehr ablehnen und sich bewußt oder unbewußt von solcher Zweisamkeit enttäuscht fühlen. Solche Partner müssen den Mut haben, dem andern seine infantile Lebenshaltung und seine primitiven Vorstellungen von Liebe immer wieder ins Bewußtsein zu führen. Immer wieder muß klargestellt werden, wo keine Gegenseitigkeit vorliegt. Dies läßt sich leicht fassen mit der Gegenfrage: »Und was tust du mir zuliebe? Was ist dir zuviel? Was verstehst du nicht? Vermagst denn du überhaupt zu lieben?«

Wir müssen mehr unterscheiden zwischen geliebt-werden-wollen und lieben. Gewiß gehört beides zusammen. Schon ein gesundes Kind möchte nicht nur geliebt sein. Selbst jemanden zum Lieben haben, für einen andern etwas Liebes tun können, ihm Freude bereiten, dies ist schon für ein Kind wichtig. Nur geliebt werden wollen, ohne selbst aktiviert zu werden im Lieben, ist eine Fehlentwicklung, häufig eine neurotische Störung. Wer nur zur Selbstliebe gefunden hat und nur um die Befriedigung seiner eigenen Wünsche und um sein eigenes Wohlergehen besorgt ist, taugt nicht als Partner. Häufig suchen jedoch diese um sich selbst sehr Besorgten solche Partner, die das Bedürfnis, andern zu helfen, andere zu bemuttern, von andern gebraucht zu werden, bei ihnen stillen können. Diese meist weichherzigen und gutartigen Menschen erkennen die Liebesunfähigkeit des andern zunächst nicht und glauben, daß sie mit der Wärme und Hingabe ihres eigenen Herzens den andern sättigen und dann zur Weiterentwicklung bringen können. Der Unersättlichkeit und der seelischen Gefräßigkeit der Narzißten – es sind die in sich selbst Verliebten – ist jedoch kein Mensch gewachsen, ohne selbst daran Schaden zu nehmen. Aber selbst wenn keine übermäßigen Liebes- und Verwöhnungsansprüche gestellt werden und nur die Unfähigkeit zur Partnerschaft besteht, ist dies für sensible und in lebendiger Auseinandersetzung lebende Menschen auf die Dauer unerträglich. Differenzierte Menschen können schwer geschädigt werden, wenn sie mit einem Menschen zusammenleben, der kaum mit ihnen spricht, sich nicht für sie und ihre Belange interessiert, sich um sie keine Gedanken macht und letztlich keine Einfühlung zuwege bringen will. Häufig ist es so, daß das völlig berechtigte Verlangen nach Sprechen, Zuhören, Kontakt und Teilnahme, nach Zärtlichkeit und Miteinander als lächerlich oder hysterisch abgetan wird. Der Gestörte setzt sich und seine Fehlhaltung oft als Norm des Verhaltens. Solche Männer schicken ihre Frau in Behandlung oder zur Beratung. Sie kommen nicht im entferntesten auf den Geldanken, daß das Verhalten ihres Partners mit ihnen selbst etwas zu tun haben könnte.

Psychische Entwicklungs- und Reifungsstörungen können während der Zeit der Werbung und ersten Verliebtheit gut getarnt werden. Oft wird bei weniger Vertrauten, etwa im Berufsleben oder bei oberflächlicheren Bekanntschaften, normales Verhalten vorgetäuscht. Es wird Höflichkeit, Freundlichkeit, Menschlichkeit gemimt, wenn Besuch da ist, zuweilen auch gegenüber Verwandten. Im Zweisein aber wird dann in der Ehe jede Verbindlichkeit aufgegeben. »Wozu bin ich denn verheiratet, wenn ich da auch noch freundlich sein soll«, äußerte einmal ein solch narzißtisch Gestörter.

Sehr häufig lebten solche Menschen in einer Umgebung, die auch durch einen solchen Egozentriker geprägt wurde. Wie sehr wir das Verhalten, das wir in der frühen Kindheit um uns herum erlebt haben, in uns aufnehmen, welche tiefe Wirkung die Leitbilder unserer Kindheit haben, darüber hört man viel zuwenig.

Ich-Schwäche

»Ich wollte mich gerade davor hüten, so zu werden wie mein Vater.« »Ich wollte gerade nicht so sein wie meine Mutter.« »Nun bin ich auch so geworden wie mein Vater.« »Und nun werde ich doch immer mehr wie meine Mutter.« Solche in der Sprechstunde häufig zu hörenden Äußerungen zeigen unbewußte Abläufe von Reaktionen, die wie Lawinen abrollen, wenn sie nicht ins Bewußtsein gebracht werden. Dann wähle ich mir den Partner aus, der zu meinem Rollenspiel paßt, das ich von Hause aus in mich hineingenommen habe.

Ich-schwache Menschen stammen häufig aus Ehen, in denen ein Elternteil immer schon die Unterordnung geübt hat, und diese Ich-Schwachen haben sich meistens mit dem leidenden, ich-losen, sich unterordnenden Elternteil identifiziert. Gerade die sensiblen und gemütvollen Kinder stellen sich auf die Seite des leidenden Teils, der ihr Mitleid erregt. Oder sie sind von der allzu willensbetonten und ich-haften Art des einen Elternteils so abgeschreckt, daß sie sich mit dem andern identifizieren. Solche Kinder finden nachher schwer zu sich selbst. Sie werden so, wie die Mutter in ihrer Grundhaltung oder wie der Vater in seiner Eigenart war. Sie werden es aber nicht, weil sie es etwa ererbt hätten, sondern weil sie dieses bestimmte erlebte Leitbild in sich aufgenommen und sich im Mitleiden geübt und es in sich durchgelebt haben. Grundhaltungen entstehen also über die Nachahmung oder, wie es in der Psychologie heißt: über die Identifikation.

Ich-schwach wird man auch da, wo man von klein auf viel in Angst leben muß, in Angst vor Strafe, etwa bei schlechten Schulzeugnissen, in Angst davor, daß man etwas falsch machen könnte, daß man etwas nicht kann. Wenn sich das kindliche Ich vor Angst nicht entfalten und entwickeln kann, entsteht eine sogenannte Ich-Hemmung. Gerade bei sehr ich-betonten Müttern und Vätern ist diese Gefahr besonders groß, weil solche Eltern wenig zur Toleranz fähig sind, weil sie ihre strengen Ordnungsprinzipien über die Einfühlung in das Kindsein stellen. Kinder lernen um so weniger, zu sich zu stehen, je weniger sie das Selbstsein üben, also ihr Ich darstellen dürfen. Auch Unterdrückung durch Geschwister kann das Selbstgefühl wie auch die Entfaltung zu gesunder Ich-Stärke stören. Wenn aber Menschen in einer Partnerschaft und in einer Ehe neu beginnen wollen, dürfen die alten Verhaltensweisen nicht weitergepflegt werden. Neubeginnen heißt: sich zur Ich-Findung gegenseitig stützen, nicht mehr in sich selbst Genüge finden, sondern über die Ich-Findung hinaus in die soziale Haltung, das heißt in die Du-Haltung hineinreifen. Nur wer zu sich selbst gefunden hat, kann über sich hinauswachsen. Persönlichkeitsentfaltung ist nicht Selbstzweck oder letztes Ziel.

Hier muß nun auf die Möglichkeit eines Mißverständnisses aufmerksam gemacht werden. Der Weg zu sich selbst darf nicht mit Selbstsucht, Egoismus und Narzißmus verwechselt und in dieser Weise mißdeutet werden. Freud hat Narzißmus so definiert: Der narzißtische Mensch wendet seine Liebe nicht dem andern, sondern der eigenen Person zu. Fromm hat darauf hingewiesen, daß der Narzißt weder die andern noch sich selbst zu lieben vermag. Vielmehr sei Narzißmus die Überkompensation einer nicht erlebten und nicht vorhandenen Liebesfähigkeit, weshalb Narzißmus zur Sucht werde. Die Merkmale des Selbstsüchtigen sind seine stetige Unruhe und Angst, zu kurz zu kommen, etwas zu versäumen, weniger zu haben als ein anderer, und Neid. Jeder andere Mensch, auch der Partner, wird dadurch für ihn als Du problematisch. Mangel an Einfühlung läßt eine Beziehung zum Partner nur ganz oberflächlich zustande kommen. Selbstsucht ist also nicht jene Suche nach den Ich-Kräften, die uns bereit und fähig machen, für den anderen ein Du zu sein und uns für ihn einzusetzen – nach den Kräften also, die ein kraftvolles und gesundes Engagement an Mensch und Welt erst ermöglichen.

Hilfen für die Begegnung von Ich und Du

Fassen wir noch einmal zusammen, was in diesem Kapitel behandelt wurde: Für den Partner kann ich nur ein Du werden, wenn ich ein Ich bin. Ohne Ich-Stärke bin ich für meinen Partner kein Gegenüber, das ihm hilft, sondern bestenfalls nur Widerhall. An kleinen Beispielen aus dem Alltag haben wir gesehen, woran wir erkennen können, wieweit wir tatsächlich eine Partnerschaft aufbauen. Dabei haben wir auf die Selbständigkeit des einzelnen verwiesen und gefragt: Wer tut wem etwas zuliebe? Ist es nur der einc, oder tun es beide oder geschieht es im Wechsel? Dabei haben wir erkannt, daß es auf die Dauer problematisch ist, immer nur der Gebende zu sein. Entscheidend ist der Wechsel von Geben und Nehmen. Erkannt haben wir auch, wie notwendig es für die Fähigkeit zur Partnerschaft ist, sich der aus der Kindheit unbewußt übernommenen Rollen bewußt zu werden, um sie abzubauen.

An dieser Stelle läßt sich ein Appell an die Institutionen in den Kultusbereichen nicht mehr umgehen: Wer in der Einzel- und Gruppentherapie die Hilflosigkeit und das Elend im mitmenschlichen Bereich wahrnimmt, wer die Folgen dieser Hilflosigkeit der Erwachsenen bei den Kindern und den Heranwachsenden sieht, muß darüber erschrecken, daß nichts geschieht, um diesem wachsenden Notstand zu begegnen. Zweifellos war das Zusammenleben früher durch feststehende Regeln und Sitten vorgezeichnet, diese Regeln waren für die meisten eine Hilfe und boten eine gewisse Sicherheit und sogar Geborgenheit. Wir stehen heute im Begriff, die von außen gesetzten Vorschriften und Institutionen als fragwürdig zu erkennen und uns von ihnen zu befreien. Man spricht in diesem Zusammenhang vom Verfall der Sitten und der alten Werte, vom Drang der Menschen, ihr Leben selbst gestalten zu können. Aber es geschieht nichts, um ihnen zur Bewältigung ihrer Befreiungsversuche zu helfen. Mit *noch* mehr Wissensanhäufung wird eher geschadet als genützt. Aber gerade darauf laufen alle sogenannten Reformversuche hinaus. Eines steht fest: Wer in Freiheit leben will, muß nicht nur wissen, *wovon* er sich befreien will, sondern auch, *wozu* er frei sein will. Als erstes müssen wir lernen, die Freiheit des andern zu respektieren. Wer nur für die eigene Freiheit kämpft und das gar auf Kosten anderer, ist in jedem Fall fragwürdig.

Es ist darum an der Zeit, daß unseren Kindern und Jugendlichen zur Bewältigung der Gegenwart und Zukunft auch in der Schule etwas mitgegeben wird, was zur Grundlage von Menschenkenntnis werden kann, was die Sozialisierung bewußter gestalten und uns das Leben in einer immer größer werdenden, in Ballungsräumen zusammengepreßten Bevölkerung bestehen läßt. Man kann durchaus schon mit Kindern der ersten und zweiten Grundschulklasse, erst recht aber mit älteren Schülern darüber sprechen, was partnerschaftliches Verhalten ist. Mit Lehrbüchern, Abfragen und Wissensvermitteln ist dies jedoch nicht zu bewältigen. Es mag für viele Lehrer bei der derzeitigen Ausbildung schwierig sein, mit den Kindern Gespräche zu führen, die Gruppenkontakte schaffen und die das unmittelbare Zusammenleben dieser Gruppe betreffen. Aber in dieser Form kann man mit Kindern immer reden: Wie steht es in unserer Gruppe? Wer will immer bestimmen, was gespielt wird? Wer gibt immer an, was zu geschehen hat? Wer sorgt auch für den andern und hilft ihm? Wer beschützt den Schwächeren? Wer traut sich bei uns nicht, etwas zu sagen?

Kinder lieben es, ihre Situationen in improvisierten Spielen zu agieren. Sie begreifen leicht und rasch. Ihre Beobachtung zu schärfen und ihr Bewußtsein im sozialen Verhalten zu üben, ist ein leichtes. Diese Neuerungen im Rahmen der Schule bedürfen weder neuer Schulhäuser noch sonstiger großer Mittel. Interessierte Lehrer würden sicher gerne sich zur Gruppentherapie und zu Gruppenübungen in den Ferien melden, um sich in dieser Weise fortzubilden und auch für sich persönlichen Gewinn zu haben. Auch dies wäre ein Schritt der Selbsthilfe und Eigeninitiative, wenn Pädagogen zur Bewältigung der festgefahrenen pädagogischen Situation sich selbst fortbilden würden, wie dies in den allermeisten Berufszweigen üblich ist.

Aber nicht nur in der Schule, auch den Berufstätigen und den jungen Menschen, den jüngeren und den älteren Paaren wird nichts geboten, damit sie im Zusammenleben bewußter werden. Erfreulicherweise gibt es da und dort Elternschulen und Gruppen von Eltern, die sich im Hinblick auf die Kindererziehung auf den Weg begeben haben. Wir brauchen aber auch Partner- und Eheschulen, in denen nicht nur durch Referate, sondern durch offene Gespräche und vor allem durch Gruppen- und Szenenspiele das erarbeitet wird, was wir als Voraussetzung brauchen, um Gemeinsamkeit zu entwickeln, um sozial zu werden.

In Szenenspielen kann man darstellen und üben lernen, wie Streit entsteht, wo Tiefschläge erfolgen, die unfruchtbar sind und Beziehungen demontieren. Man kann nach dem Spiel solch negativer Abläufe dann das Gegenstück inszenieren und genau am entscheidenden Punkt Vorsicht walten lassen, den Affekt zügeln und in ein fruchtbares Gespräch überlenken. Manche Menschen haben noch nie gehört, wie man einem andern etwas sagen kann, Kritik vorbringen kann, ohne grob zu sein und ohne zu verletzen. Viele sind nur empfindsam, wenn es um sie selbst geht. Sie haben aber gar kein Gefühl dafür, wann sie andere verletzen. Szenenspiele aus dem Alltag sind hilfreich und aufschlußreich, zum Beispiel: Er möchte mit ihr zusammen mit Freunden ausgehen, essen gehen; sie hat aber dazu keine Lust und will lieber ins Kino mit ihm. Zunächst wird die Szene so gespielt, wie sie ins Desolate, in den Streit führt, der mit Kränkung endet und nichts bringt. Dann werden verschiedene Lösungsversuche geübt.

In der Ehepaar-Gruppentherapie kann man erleben, daß zwei Menschen, die schon fast zwanzig Jahre miteinander zusammenleben, erst in der Gruppe und mit Hilfe der andern lernen, offen zueinander zu sein, ohne Maske voreinander zu sprechen, eigene Schwächen einzugestehen oder Empörung zu äußern, wozu sie im Zusammensein mit dem Partner nicht den Mut fanden.

Meist fehlt der Mut zur Wahrhaftigkeit, der vielen Kindern von klein auf aberzogen wird. Ihnen wird eine Äußerung ihrer Affekte übelgenommen von solchen Erwachsenen, die selbst auch nicht verstehen können, daß es gut und heilsam ist, Ärger und Enttäuschungen zu äußern. Wenn eine Mutter einem Kind etwas verbieten muß, und sie erhält als Antwort »böse Mama« oder gar einen Schlag mit der kleinen Hand, so nehmen dies manche Erzieher als Majestätsbeleidigung. Wer seine Erwachsenenautorität durch solche aus dem Augenblick sich lösenden Äußerungen eines Kindes ins Wanken gebracht sieht, steht auf schwachen Füßen. »Wenn ich meinen Eltern etwas sage, was sie nicht gerne hören, zum Beispiel daß sie mich nicht zweimal in den Keller schicken, sondern mich gleich alles auf einmal holen lassen sollen, dann heißt es, ich sei frech.« Es sind immer wieder die Schwachen, die auf Autorität erpicht sind und wenig Toleranz aufbringen können. Sie sind es auch, die ein offenes Wort, eine ehrliche kritische Äußerung, eine Aussprache nicht verkraften können und darum von Generation zu Generation verhüten, daß wir freier und offener miteinander leben können. Wer dem andern keinen Ärger, keine Wut, keine Kritik zugesteht und die ununterbrochene Anpassung und Unterordnung erzwingen will, erzieht im Grunde zur Lüge, zur Heuchelei. Psychologisch gesprochen heißt dies: zur Verdrängung. Wenn wir aber zuviel von uns selbst verleugnen müssen, entwickelt sich psychischer energetischer Stau, der entwicklungshemmend ist und sogar an Leib und Seele Krankheiten verursachen kann. Wer in solcher Erziehung zum Verdecken und Runterschlukken erzogen wurde, muß es oft mühsam lernen, als ein Mensch zu leben, der zu sich, seinen Gefühlen und Ansichten stehen darf. Oft sind regelrechte Übungen hierzu notwendig, wobei ein Partner wesentliche Hilfestellungen geben kann. Wem echte Zweisamkeit ein Anliegen ist, erlebt im gemeinsamen Erlernen, offen miteinander zu sein, seine früher verborgen gehaltenen Gefühle zu äußern, eine Befreiung, die zugleich etwas ist, was beide verbindet. Es ist beglückend, einen Partner zu haben, der, ohne gekränkt zu sein, mich und mein Anderssein, meine Gefühle annimmt und mich nicht in sein Schema zwingen will.

Das Gegenteil hiervon sind die meist unbewußten Tyrannen, die schon böse sind, wenn der eine nicht zugleich mit dem andern ins Bett geht, die bestimmen wollen, welches Fernsehprogramm gesehen wird, die das nicht auf dem Speiseplan wollen, was sie nicht mögen, die dem andern immer zeigen müssen, wie man etwas richtig macht... Unendlich viele Lappalien wären hier aufzuzählen, die immer dann zum Zwang führen, wenn der andere in ein Schema gepreßt werden soll. Dann soll mein Du sein wie ich. Dabei ist die Gefahr groß, daß mein Ich wuchert, in Übertreibungen und in Kompensationen sich selbst gefährdet und den andern mit.

Warten auf die große Liebe

Totale Bindung

Ein fünfunddreißigjähriger Patient litt immer dann unter schweren depressiven Verstimmungen, wenn er sich von einer Freundin getrennt hatte. Sein Lebenslauf zeigte mehrmalige Wiederholungen ähnlicher Erlebnisse der Zweisamkeit auf: Zunächst stürzten beide aufeinander zu, und dann überfiel sie eine Ernüchterung, die zur Enttäuschung führte. Nach anfänglichem Übereinstimmen, völligem Gleichschwingen, Gleichfühlen, Gleichdenken trat nach einigen Wochen oder Monaten, spätestens nach einem Jahr die Wende der Beziehung ein. Eine solche Intensität des Zusammenseins mit einem übersteigerten Hochgefühl und einer Art Rausch paradiesischer Harmonie, der das Einzelwesen »auflöst«, läßt sich nicht durchhalten und kann auf die Dauer zerstörend wirken. Dahinter steht der Wunsch nach symbiotischer Vereinigung aus der frühesten Kindheit. Die Ich-Werdung kann nur stattfinden durch die Loslösung vom Bergenden. Loslösung, Verselbständigung und Ich-Entwicklung sind untrennbar miteinander verbunden, weshalb die aufbauenden Prozesse auch von den Wehen des Zurücklassens, des Aufgebens, man kann sagen von gewissen Sterbeprozessen begleitet sind. Darum ist schon das Trotzalter des Kleinkindes – der erste Ablösungsprozeß in der Kindheit – für dieses eine kritische und oft mit starker Beunruhigung verlaufende Phase, noch viel mehr aber die Pubertät. Menschen mit regressiven Neigungen erleben die Ablösungsprozesse besonders schmerzlich, während der gesunde und vitale Mensch mehr von den neu erlebten, aufbauenden und ich-stärkenden Kräften getragen und beglückt wird. Wer die Ablösung nicht bewältigt hat, ist auf der Suche nach Ersatz. Instinktiv wird dies oft vom andern abgelehnt.

Die Freundin des Patienten wollte nicht für immer auf den Umgang mit ihren Freundinnen und Verwandten, Menschen, die sie achtete und liebte, verzichten. Sie konnte ihr bisheriges Leben, zum Beispiel die Teilnahme an einem Singchor, nicht zugunsten dieses einen Partners aufgeben. Darüber war der Mann tief enttäuscht, er hatte sich vorgestellt, daß beide nichts anderes mehr tun wollten, als eben beisammen und sich selbst genug zu sein. Nach seiner Ansicht sei es schade um jede Stunde, die der eine ohne den andern verbringe. Daher versuchte er, alle Freunde und Bekannte, die mit seiner Freundin Kontakt unterhielten, zu bekritteln, lächerlich zu machen und abzuwerten, um ihr den Umgang mit ihnen zu verleiden und möglichst abzubauen. Der Gesangverein wurde als Schnätterätä-Verein bezeichnet und die Freundin als überemanzipierte Jungfer. Solche Schmäher nützen gerne die Sensibilität der andern aus und begreifen nicht, daß sie sich für spätere Zeiten Aggressionen einhandeln, wenn ihre Abwertungen zunächst nicht abgewehrt werden können. Sehr empfindlich reagieren solche sich überlegen Gebärdenden, wenn man in ihrem persönlichen Bereich Kritik anbringt. Sie erwarten ohne weiteres Verständnis für ihre eigenen Belange und Freunde. Sie erlauben sich immer Urteile und Bewertungen bei andern, verkraften jedoch nicht, daß ihre Methode auf sie selbst angewandt wird. Als in dem eben skizzierten Fall die Freundin sich eines Tages zur Wehr aufraffte und meinte, daß sie den von ihm vielgeliebten Studienfreund recht unreif und einseitig finde und nur mit Geduld ertrage, fühlte ihr Partner sich sofort gekränkt und »nicht verstanden«. Alle, die Verschmelzung suchen, können nicht ertragen, wenn der andere sich als eigenes Ich darbringt. Sie verlangen Auflösung und Verschmelzung bis hin zur Ich-Aufgabe.

Gegen eine derartige »auffressende« Intensität der Partnerschaft lehnten sich früher oder später alle Freundinnen auf. Sie hatten genügend gesunden Instinkt, um sich gegen eine solche ausschließliche, verschlingende und umweltvernichtende Zweisamkeit zu wehren. Zweifellos ist dieses Aufgefressenwerden und Sichauffressenlassen keine günstige Grundlage einer lebensfähigen Beziehung. Es gibt Menschen, die unersättlich sind und sich mit nichts, mit absolut nichts zufriedengeben können. Ihre Ansprüche wachsen ins maßlose. In kindlicher Weise verwenden sie Maßstäbe, die für eine Liebesbeziehung völlig ungeeignet sind. Sie messen zum Beispiel nach der Zahl der Stunden des Beisammenseins, nach der Größe und dem Wert der Geschenke, nach der Anpassung des andern, nach dem Ausmaß der Liebesbeteuerungen, nach der Verzichtleistung des andern, wie weit er sich aufzugeben bereit ist. Solche auffressenden »Liebenden« sind nur Fordernde, sie erwarten immer etwas vom andern, sie wollen immer »haben« und fragen nie, was sie selbst geben wollen, worauf zu verzichten sie selbst bereit sind. Zwar meinen sie, auf alles verzichten zu wollen, in Wirklichkeit aber sind sie kontaktlos und zu anderen Beziehungen unfähig. Sie geben deshalb im Grunde gar nichts auf, was ihnen lieb und bedeutsam sein könnte. Sie geben vor, Opfer zu bringen, genaubesehen sind diese »Opfer« gar nicht vorhanden. Sie gehen einfach ihrer Arbeit nach, sind also bereit, für den Partner mit ihrer Arbeit das Geld zu verdienen. Aber darin unterscheiden sie sich nicht im geringsten von anderen Männern und Frauen. Damit wird kein Opfer erbracht für den Partner, sie deuten es nur in diesem Sinne um.

Wie im vorhergehenden Kapitel schon angedeutet, liegt hier eine kindliche Grundeinstellung vor: nämlich »haben wollen«, ohne zu geben. Es sind narzißtische Verhaltensweisen, wenn Menschen übertriebene Liebeserwartungen hegen. Durch die intensive Begegnung mit einem anderen Menschen, den sie ganz für sich haben und allein besitzen wollen, erhoffen sie sich, selbst zum stärkeren Kontakterlebnis zu finden und aufgewertet, überhaupt erst durch den andern erlebnisfähig zu werden. Eine derartige Ausschließlichkeit ist gefährlich. Auch eine gelungene und bereichernde Zweisamkeit bedarf des Umgangs mit anderen Menschen, der anregenden Umwelt, um vor Fehlentwicklungen bewahrt und in der Auseinandersetzung mit anderen beweglich zu bleiben, um sich vor dem Autismus und dem Egoismus zu zweien zu schützen. Darunter verstehen wir eine ausschließliche Ich-Bezogenheit, die auf die Zweisamkeit ausgedehnt wird, in der sich alles nur noch auf sich selbst bezieht. »Du liebst mich nicht«, so lautet der häufig und immer wieder vorgebrachte Vorwurf. Ständig erwartet man vom andern Liebesbeweise und bemerkt nicht, daß man dadurch den andern überfordert und daß er nichts anderes tun kann als zu versagen.

Bei dem erwähnten Patienten lag all seinem Suchen nach Liebe und Liebeserlebnissen ein völlig unbewußtes Motiv zugrunde: Er suchte die totale Einheit, das lückenlose Einswerden mit dem Partner, ein vermeintliches Liebesparadies, also eine Art Ich-Auflösung. Solange er darauf zusteuerte und diesen Zustand als Ziel vor sich sah, solange er keine Widerstände erfuhr, um dieses Ziel zu erreichen, lebte er in einem ekstatischen Glück, dem zwangsläufig die Enttäuschung folgen mußte. Denn ein solches Einssein zwischen zwei erwachsenen Menschen gibt es schlechthin nicht. Auch im günstigsten Fall sind es immer zwei Ich, die einander begegnen, sich schützen, sich nähern, sich verändern, sich steigern, die sich jedoch nicht aufgeben sollen und nicht vernichten dürfen.

Menschen, die eine solche Zweisamkeit als Spannung nicht ertragen können und die eine totale Vereinigung im Sinn der jeweiligen Ich-Auflösung suchen, hatten meistens in ihrer Kindheit nicht die Grundlage einer gelungenen und ausreichend intensiven Mutter-Kind-Einheit gehabt. Wer von klein auf ungesättigt aus dieser Ursituation, der Ureinheit, der totalen Beziehung, die eine gewisse Zeit zwischen Mutter und Kind vorhanden sein muß, hervorgeht und in diesem Urbedürfnis frustriert bleibt, erwartet unter Umständen sein Leben lang in jeder Begegnung mit einem Partner die Erfüllung dieser frühen, nicht gesättigten Sehnsucht nach der Totalität paradiesischer Einheit, wie sie unter erwachsenen Menschen nicht mehr möglich ist. Auch in der frühen Kindheit ist die Dualunion nur partiell und nicht total zu erleben. Wenn ein solcher Mensch durch eine psychologische Beratung oder durch eine Psycho-Analyse seine unbewußten, wie Zwänge auftretenden Erwartungen durchschaut, wird er im Lauf der Zeit kritischer gegen sich selbst und lernt, sich und seinen Zwängen zu mißtrauen.

Solche Zwänge bestehen in krankhaft anmutender Kritik, in empfindlicher Enttäuschung bei allem, wo der Partner nicht dem »vollkommenen Glück« zu entsprechen scheint, in fortgesetzter Nörgelei. Der utopische Wunsch nach der großen Liebe und nach der Vollkommenheit des Partners bringt zwangsweise eine tiefe Enttäuschung mit sich, denn immer muß ein Rest offenbleiben, in dem der Partner die hochgeschraubten Wünsche nicht erfüllen kann. Und dieser Partner wird seinerseits zwangsweise zu einem Versager, selbst wenn er ein nahezu vollkommener Partner wäre. Der eine, der die übertriebenen

Erwartungen aufstellt, wird unausstehlich und bemerkt gar nicht, daß er nicht als Liebender, sondern als Fordernder agiert, der, ein immer Nörgelnder, mit nichts zufrieden ist und seinen Partner mit nicht mehr menschlichen Maßstäben vergleicht. Der andere reagiert auf die Kritik mit dem Gefühl des ständigen Versagens. Beide steigern sich in ihren Haltungen bis zur Neurose, die entweder in die Erkrankung oder in heftigen Streit mündet, bis eine Trennung unvermeidlich wird.

Noch ein weiteres Motiv für die Haltung der Unersättlichkeit mag hier erwähnt werden: die Faszination der kindlichen Lebenshaltung, in der man sich noch unreflektiert allmächtig und großartig fühlte. Die so Faszinierten streben danach, sich wieder in der unkritischen Herrlichkeit zu erleben, wie es dem Kleinkind zeitweise vergönnt ist. Sie wollen sich und die Welt in Illusionen erleben, neben der Realität des erwachsenen Menschen in einer Scheinwelt stehen. Um diesen Vorgang zu verstehen, muß man sich in Erinnerung rufen, wie man sich als Kind zwar klein, dennoch aber allmächtig fühlte: Das Kind nimmt eine Zeitung in die Hand, wie die Erwachsenen es tun, und glaubt, lesen zu können. Das Kind kann mit dem Spiel der Gedanken und der Phantasie die Dinge der Umwelt bewältigen. Wer in der Einheit mit der Mutter in Sicherheit und Geborgenheit aufwächst, weiß noch nichts von der Problematik der Erwachsenenwelt. In einen solchen unkritischen Zustand, in dem man sich selbst als allmächtig erlebt, wollen viele wieder zurückkehren. Da sie als Erwachsene längst erfahren haben, daß das unmöglich ist, versuchen sie über die »große Liebe«, über einen vollkommenen Partner, solche Allmachtserlebnisse zu wiederholen. Auch dies ist eine Selbsttäuschung. Auf der Suche nach Erfüllung irrealer Ansprüche und Wünsche sind diese Menschen dauernd auf Partnersuche und in steter Umschau nach diesem einen, der sie erfüllen kann, der sozusagen die Zauberformel für ein Leben sein soll. Dies führt notwendigerweise zu häufigem Partnerwechsel, weil man diesen Partner nie findet, weil es ihn nirgends gibt. So folgt eine Enttäuschung der andern. Am Ende steht die große Enttäuschung vom Leben und von den Menschen.

Wer in dieser Weise immer nur fordert, wird nicht nur zum

Tyrannen des andern, rücksichtslos und ohne Gegenseitigkeit im Geben, sondern auch abhängig von diesem Partner, der sich diese Behandlung gefallen läßt, mit dem man in so rücksichtsloser Form umgehen kann und der diese Überforderung hinnimmt. Diese Abhängigkeit wird unbewußt von dem tyrannisierenden Teil empfunden und als negativ erlebt. Dies wiederum führt zur Schwächung der Selbstachtung. So entstehen durch unmenschliches Tyrannisieren und liebloses Partnerverhalten Schuldgefühle und Unsicherheit, die ihrerseits wieder das fordernde Verhalten und das Tyrannisieren und dadurch auch das Gefühl der eigenen Schwäche und Abhängigkeit steigern. In einem immer schlimmer werdenden Zustand der abnehmenden Selbstachtung bewegen sich diese Menschen in einem hoffnungslosen und gefährlichen Teufelskreis. Bei derartigen Beziehungen kann man unbedenklich von gegenseitiger Zerstörung sprechen, weshalb es geradezu existenzwichtig wird, daß einer der beiden Partner durchschaut, worum es sich hier in Wirklichkeit handelt, damit einer wenigstens sich dieser verhängnisvollen Quälerei in einer krankmachenden Verbindung entziehen kann.

Um es noch einmal anders zu formulieren: Je mehr ich den andern für meine neurotischen Bedürfnisse brauche, um so mehr gerate ich in seine Abhängigkeit. Je mehr ich aber abhängig bin, um so mehr erlebe ich den andern mit Haß und Aggression, weil er mich abhängig macht und weil ich ohne ihn selbst nicht vollkommen werden und nicht erreichen kann, wonach es mich drängt. So treten Aggressionen gegen den Partner auf, die zur Zerstörung der Beziehung führen. Oder die Aggression wendet sich gegen mich selbst, und damit bin ich auf dem Weg zur Depression.

Angst vor Unfreiheit

Gabi war dreißig Jahre alt und hatte schon viele Freundschaften hinter sich, die immer in der gleichen Weise verliefen: Zunächst ein leidenschaftliches Zusammentreffen mit der Hoffnung, nun endlich die große Liebe, endlich den Partner, der diese großen Liebeshoffnungen erfüllen kann, gefunden zu haben. Bald aber, oft schon nach zwei, drei Monaten, begann Streit um Kleinigkeiten, um ganz lächerliche Dinge, die eigentlich bedeutungslos waren. Schlechte Launen wurden beobachtet, der Partner wurde durch merkwürdiges Verhalten vor den Kopf gestoßen, so daß er unsicher wurde und an der Zuneigung von Gabi zweifeln mußte. Gabi selbst hat nach einiger Zeit ihre Situation so formuliert: »Er ist nicht der Richtige, wir verstehen uns doch nicht. In vielen kleinen Dingen« – aber die kleinen Dinge drücken mehr aus – »sind wir uns doch nicht einig; wir sind sehr verschieden.« Dann traten die Differenzen immer mehr in den Vordergrund, und schließlich zog sich der Partner von alleine zurück.

Aus der Lebensgeschichte von Gabi war folgendes zu erkennen: Von klein auf hatte sie erlebt, daß Liebe, Geliebtwerden und sich in Liebe einem andern Zuwenden für sie immer verbunden war mit der Gefahr, vom andern dirigiert, bestimmt und geprägt zu werden. Sie hatte ihre Mutter sehr geliebt, dafür konnte sie sich aber nie so entwickeln, wie sie aus eigenem inneren Wesen heraus sich hätte entwickeln wollen – sollen, müssen; denn ihre Mutter verlangte immer die Anpassung an ihre persönliche Lebensart, an ihre Ansichten, an ihre Wünsche. Kinder leisten viel Anpassung, um Liebesverlust zu vermeiden. Gabi hatte immer Anpassung geleistet, hatte aber dadurch Geliebtwerden und Lieben als etwas Bedrohliches und Beängstigendes erfahren. Erst sehr viel später, als sie schon längst ein erwachsener Mensch war und weit von Zuhause weg lebte, also von der Mutter über größere Zeitabschnitte räumlich getrennt war, konnte sie allmählich zu sich selbst und zu ihrer eigenen Art finden.

Für diesen Menschen waren also Lieben und Zweisamkeit verbunden mit Dirigiertwerden, mit Unfreiheit. Sobald ihre Partnerbeziehungen so weit gediehen waren, daß sie sich innerlich tatsächlich an den andern binden wollte, daß sie in eine echte Beziehung zu ihm, in ein echtes Verbundensein eintreten wollte, bekam sie Angst, und es setzte, ganz unbewußt und von ihr selbst nicht erkannt, ein Abwehrmechanismus ein. Aus Angst, wieder in Abhängigkeit zu geraten und sich selbst nicht als eigene, freie Persönlichkeit erhalten zu können, baute sie sich einen Schutzwall auf durch Launen, durch Streiten, durch Nörgeln, durch frappierende Verhaltensweisen, die den andern schließlich zum Rückzug brachten. Sie selbst hatte sich nie vom andern gelöst; denn im tiefsten Innern wollte sie vom andern nicht weg. Sie hatte aber zu wenig Eigenständigkeit, zu wenig Ich-Kräfte, um sich zuzutrauen, sie selbst zu sein und sich in der eigenen Wesensart verwirklichen zu können. Gabi war darum immer auf der Suche nach der großen Liebe, um dann die große Angst zu erleben vor der tödlichen Anpassung, vor der Überschwemmung der schwachen Ich-Kräfte.

Während beim ersten Beispiel eine Überforderung an den andern, utopische Liebeserwartungen und maßlose Wünsche zu Zerwürfnissen führten, waren in unserem zweiten Beispiel der Abwehrmechanismus und die Fehlverhaltensweise die Ausrede für die eigene Angst vor dem eigentlichen Liebeserlebnis, die Angst vor dem Sich-selbst-dem-Partner-Darbringen. Dies wirkte sich bei Gabi auch in der körperlichen Liebe aus; auch da hatte sie Schwierigkeiten, nämlich Angst, sich selbst zu verlieren, sich selbst zu viel aufzugeben, sich selbst nicht genügend bewahren zu können.

Gabi durchschaute also nicht ihre Selbsttäuschung. Sie wußte nicht, daß sie selbst die Trennung herbeigeführt hatte, auch nicht, daß sie ihr Schicksal in solcher Weise selbst mitgestaltet hatte, und sie fühlte sich immer wieder als die Unglückliche und Verlassene. Es ist überhaupt wenig bekannt, daß wir, meist ohne unser Wissen und ohne unser bewußtes Dazutun, ganz aus unbewußten Reaktionen heraus, uns vieles selbst arrangieren und unser Schicksal in sehr viel breiterem Umfang mitgestalten, als wir glauben und wissen.

Arno war zweimal geschieden. Seine Beziehung zu Frauen begann immer mit viel spontaner Begeisterung: Er war großzügig, machte liebevolle Geschenke, war aufmerksam und verwöhnte seine Partnerinnen mit viel Einfühlung und Phantasie. Die Partnerinnen waren zunächst beglückt, und es begann eine Seligkeit für alle beide. Unbewußt stand hinter dieser Verhaltensweise bei Arno der Zwang, den andern abhängig zu machen, ihn für seine Zwecke zu gebrauchen. Zwar trat er als großer Helfer auf, als der Gebende, aber im tiefsten Innern wollte er den andern für sich gewinnen, ihn sich gefügig machen und ihm die Rolle zudiktieren, die es ihm ermöglichte, sein Selbstgefühl aufzubauen und sich selbst in einer gesteigerten Bedeutung zu erleben.

Die erste Frau, die er in die Gesellschaft einführte, der er Umgangsformen, Geschmack und Lebensart beibrachte und der er in vielerlei Hinsicht die Schritte ins Leben erst ermöglichte, war eines Tages mit seiner Hilfe in die Aufgaben hineingewachsen, die er ihr gestellt hatte. Sie hatte sich tatsächlich erst durch seine Hilfe so weit entwickelt, daß sie eine selbständige Frau geworden war. Als sie ihn nicht mehr zur ständigen Stütze und zur ständigen Bevormundung und liebevollen Hilfe benötigte, war die Beziehung der beiden abgeschlossen; sie hatten sich im Grunde nichts mehr zu sagen und fanden keine neue Gemeinsamkeit. Arno hatte seine Rolle verloren, und damit war er unglücklich, und die früher so große Liebe war nun für ihn in Leerlauf geraten. Er glaubte, seine Partnerin sei undankbar. Er sprach von der Enttäuschung, die er mit diesem Menschen erfahren hatte. Dabei war er sich selbst nicht im klaren, daß er im Grunde den andern mißbraucht hatte und aus seiner Rolle nun nicht herausfinden und weiterwachsen konnte. Er fand bald eine zweite Frau, die wiederum seiner Hilfe bedurfte, der er zum Examen verhalf, die er zunächst aus ihrem geschwächten Selbstvertrauen heraus zu größerer Sicherheit führte. Er suchte sich wieder dieselbe Aufgabe, die ihm Stärkung und größeres Selbstwertgefühl erlaubte. Er glaubte immer, wenn die passende Aufgabe für ihn gefunden war, daß er nun die Partnerin seines Lebens, also die große Liebe gefunden hatte, und er konnte sich später nie erklären, warum nach solch großen, gemeinsamen, begeisternden Jahren ein totaler Leerlauf möglich wurde.

Auch hier läßt sich aus der Kindheit vieles ablesen. Arno hatte sich selbst in der Beziehung zu seiner Mutter so erlebt, daß er die intensive Zuneigung dieser sehr schwachen und hilflosen und sehr unwissenden Mutter nur dann erreichen konnte, wenn er eine gewisse Helferrolle übernommen hatte; er konnte der Mutter immer wieder ein Stück weiterhelfen, wenn sie ratlos war, er konnte sie trösten, wenn der dirigistische Vater mit ihr in Spannungen lebte, er war immer derjenige, der ihr zur Seite stand, wenn sie selbst hilflos war und nicht mehr weiter wußte. Das war die Rolle, die er von klein auf erlebte und die ihm in der Jugend ein großes Allmachtserlebnis vermittelte und auch seine Minderwertigkeitsgefühle beruhigte, die er wegen seines vermeintlich unschönen Aussehens und wegen seiner ungelenken Bewegungen hatte. Er lebte immer in Mitleid mit der Mutter und setzte diese Beziehung und diese Erfahrung, nämlich das Selbstanwachsen, Selber-mehr-Werden, in dem der andere ihn brauchte, in seinen späteren Beziehungen fort. Für diesen Menschen lag in der Kindheit die wiederholte Erfahrung, daß Mitleid haben, helfen, stützen, an dem Schwachen sich stark erleben gekoppelt ist mit dem ersten Liebeserlebnis zum andern Geschlecht, nämlich zur Mutter. Sie war das erste Modell.

Wir beobachten bei vielen Menschen einen Wiederholungszwang. Nicht verarbeitete Erlebnisse und Erfahrungen werden immer wieder aufgefrischt, ähnliche Situationen werden konstelliert, werden von demjenigen selbst arrangiert – man glaubt, das Schicksal habe sie einem zugespielt –, um sie dann nochmals zu wiederholen. Man fragt sich, welchen Sinn eine solche Wiederholung hat. Dies könnte damit erklärt werden, daß mit der Wiederholung von Situationen die Tendenz und das Bedürfnis agiert werden, etwas aufzuarbeiten, was bisher nicht gelungen und nicht bewältigt worden ist. Wenn der Mensch jedoch diese Zusammenhänge nicht ins Bewußtsein bekommt, wenn er sie nicht durchschauen kann und nicht weiterwächst, besteht die Gefahr, daß er sich ein Leben lang solche Wiederholungssituationen gestaltet.

Neurose zu zweien?

Menschen, die auf die große Liebe warten, haben meist infantile Erwartungen und utopische Wünsche, Wunscherfüllungsansprüche, die nicht realisiert werden können. Es muß nicht immer ein Mangel an Erlebnisbefriedigung oder ein Mangel an

Mutter-Kind-Einheit-Erlebnis sein oder ein Mangel an Allmachterlebnissen, es kann auch umgekehrt sein: Der Betreffende hat sehr viel von diesen Kindheitserlebnissen genossen und sie sehr freudevoll erlebt, so daß er nun nicht bereit ist, in das Erwachsenenleben einzutreten, sondern vielmehr in regressiver Haltung diese Wiederholung anstrebt. Er will sich das Kindheitsglück, das infantile Befriedigtsein ein Leben lang erhalten.

Man fragt sich, wenn zwei Menschen zusammentreffen, die in ihren Rollen zusammenpassen: Warum sollen sie darin nicht glücklich werden und warum soll man sie nicht in diesem ineinanderpassenden Rollenspiel belassen? Was bringt eine solche Neurose zu zweien, bringt sie nicht die Lösung für beide Teile? Hierauf müssen wir antworten: Die Erfahrung zeigt, daß dies im allgemeinen nur eine Zeitlang gut geht, manchmal sogar eine längere Zeitspanne. Normalerweise treten jedoch bei Partnern verschiedene Entwicklungsimpulse und -verläufe auf, die den andern plötzlich in neue Situationen stellen, und es ist dann für das weitere Zweisamsein entscheidend, wie sich der andere zu den Entwicklungen seines Partners einstellt. Häufig wertet er Veränderungen negativ und ist enttäuscht oder gar gekränkt darüber, daß das bisherige Rollenglück gestört wird. Da die meisten Menschen über seelische Abläufe und über die Reifungsprozesse nichts wissen und es auch nur wenig Möglichkeiten gibt, sich hierüber zu orientieren, wird der positive Ansatz in den Auseinandersetzungen und Veränderungen eines Paares im allgemeinen nicht erkannt.

Krisen treten immer dann ein, wenn einer der beiden Partner weiterwächst und bewußt oder unbewußt sich aus dem infantilen Repertoir oder aus neurotischem Fehlverhalten und aus den bisherigen Klischees der Partnerschaft zu lösen trachtet. Dann tritt ein großes Unglück ein für beide Teile, weil das Rollenspiel nicht mehr stimmt, wenn auch nur einer sich bis zu einem gewissen Grad verändert und sich weiterentwickelt. Sehr tragisch sind diese Veränderungen dann, wenn sie in den späteren Reifejahren, etwa erst nach vierzig, fünfzig, auftreten und es für den andern Partner sehr schwierig wird, sich dann noch weiterzubewegen, innerlich zu verändern, noch ein Leben umzubauen. Wo aber die Neurose zu zweien gepflegt wird – können wir sagen –, tritt Stillstand ein, und Stillstand ist auch im psychischen Bereich immer Rückschritt. Ohne inneres Weiterwachsen, ohne Werdegang wird man von der Umwelt und von der eigenen Generation überholt, auch von den eigenen Kindern. Man bleibt zurück. Wie oft hört man den Ausruf: »Ich verstehe die Welt nicht mehr.« Es sind die, die nicht mehr verstehen, was um sie herum vorgeht, was im andern Menschen vorgeht; sie treten eines Tages in eine große Einsamkeit und Isoliertheit ein.

Relativ häufig kann man beobachten, daß in Ehen, in denen einer von beiden über lange Jahre hin zuviel von sich selbst aufgegeben und ein zu großes Maß an Anpassung und Verzicht geleistet hat, im Älterwerden dann sich dies ändert. Plötzlich sind die bisher Stillen und Angepaßten aggressiv, werden von außen her gesehen eigensinnig und trotzig. Manche plagen nun auch den in seinen Kräften reduzierten Partner, der ihnen früher viel aufgebürdet und zugemutet hat. Eine unbewußte Rache ist nicht abzustreiten, die jedoch meist völlig ungewollt vollzogen wird. Man schreibt solche Veränderungen oft dem Alter zu und versucht, sie durch sklerotische Hirnprozesse zu rationalisieren. Solche Erscheinungen treten jedoch immer nur bei den Personen auf, die über viele Jahre hin die entsprechende innere Situation aufgebaut haben.

Wer durch den Zwang neurotischen Fehlverhaltens eines Partners in eine Rolle gezwungen wird, gerät in der Regel nach einiger Zeit ins Leiden, wenn dies auch zunächst verdrängt wird. Man weigert sich lange, Tatsachen wahrzuhaben, sucht sich zu trösten und findet rationalisierende Argumente, warum die Lebensführung und Lebenshaltung zu zweien in der vorliegenden Weise – in der Fehlanpassung also – dennoch gut sein soll. Man entschuldigt den andern und sich selbst vor allem damit, daß psychologische Deutungen eingeschaltet werden. Überarbeitung und Berufsärger, eine mißglückte und belastende Kindheit, Belastungen durch Krankheit werden angeführt, um nicht an die viel tiefer reichenden Wurzeln des Fehlverhaltens des andern rühren zu müssen, um sich selbst nicht aufraffen zu müssen, etwas zu ändern, nämlich bei sich selbst und nicht nur beim andern. Nicht jeder im Berufsstreß lebende Erwachsene ist darum nicht mehr fähig, auf seine Umwelt, seinen Partner und seine Familie einzugehen, sondern nur der belastet die andern, der mit sich selbst außerdem Probleme noch zu lösen hat und sie verdrängt. Wer in leitender Stellung tätig ist, hat darum nicht sein Privatleben aufzugeben. Dies vollzieht nur der, dessen unbewußte Ängste Überkompensation verlangen. Nicht jede Mutter, die eine gute Mutter sein und gute Erziehungsarbeit leisten will, hat darum keine Zeit und Kraft für ihren Mann. Dies trifft nur bei den Frauen zu, die ins Mütterliche und in die Beziehung zu den Kindern flüchten, um der vielleicht etwas schwierigeren Beziehung mit ihrem Partner sich nicht stellen zu müssen. Die Ausrede mit den Kindern ist ethisch immer wohlklingend. Unsere Rationalisierungen – man könnte auch ganz schlicht sagen: unsere Ausreden und Entschuldigungen vor uns selbst – sind fast immer so ausgewählt, daß wir dabei recht gut wegkommen und uns durch Ethisierung besser erscheinen lassen, als wir sind. Wir müssen darum mißtrauischer werden gegenüber unseren moralischen und ethischen Erklärungen und gegenüber unserem eigenen Handeln.

Zuviel Anpassung macht krank

Im Unbewußten reagiert der Mensch jedoch viel wahrhaftiger und lehnt die Selbsttäuschung ab. Viele geraten in Schuldgefühle, wenn sie feststellen, daß sie sich eigentlich wehren müßten, daß sie diese Form der Zweisamkeit nicht fortsetzen dürften. Sie geraten auch in eine Enttäuschung über sich selbst, weil sie sich meist nach Jahren des Fehlverhaltens nicht mehr zutrauen, sich zu befreien und das vom andern aufgeladene Zwangsverhalten abzuwehren. Auch hier erleben sie die Abhängigkeit vom Partner und werden aggressiv. Sie rächen sich manchmal auf verborgene Weise. Ich erinnere mich an eine Frau, die ihrem Mann fünf Jahre lang jeden Tag die gewünschte Maggiwürze nicht auf den Tisch stellte. Sie wollte es jeden Tag tun, nahm es sich auch jeden Morgen vor, aber sie hat es jeden Tag vergessen und es dann so arrangiert, daß sie in den letzten

Minuten keine Zeit mehr fand, die Flasche auf den Tisch zu stellen. Das sind die verborgenen Aggressionen, die uns so belanglos und sinnlos erscheinen, die aber viel mehr bedeuten, als wir ahnen und im Grunde viel Zielgerichtetheit haben. Wer zu lange in einem derartigen Rollenspiel verharrt, verliert allmählich die Selbstachtung und verbaut sich andere weitere Entwicklungschancen.

Wer sich vom andern dirigieren, manipulieren, mißachten und letzten Endes als Mensch mißbrauchen läßt, wird zunehmend liebesunfähig, und zwar in zweifacher Weise. Er verliert sein Selbstwertgefühl durch die Verweigerung der eigenen Entwicklung, die immer mit einer Regression in frühere Entwicklungsstufen verbunden ist. Solche Menschen können sich mit der Zeit selbst nicht mehr gut sein und werden zunehmend unglücklich oder gar krank. Sie leisten damit keinen Dienst am andern. Durch ihre Ich-Losigkeit geraten sie dem andern gegenüber eher in Schuld, weil sie ihn zu sehr ins Kraut schießen lassen und seinen Ungezügeltheiten keinc Grenzen setzen durch entsprechende Reaktionen. Im Grunde lieben sie auch den andern nicht mehr, der ihnen viel angetan hat und sie in ihrer Schwäche nicht zu stützen und zu fördern vermochte, weil er nur sich selbst zelebrierte. Die Allzuangepaßten stecken meist voll von verdrängten Aggressionen, die sich in Form von Krankheit häufig gegen sie selbst richten und Selbstzerstörung leisten. Selbstauflösung ist nie Ausdruck von großer Liebe, vielmehr Liebesschwäche, Unfähigkeit, sich als ein Du zu geben, als ein Gegenübertretender.

Häufig bekommen die Partner, die den andern erdrücken und dessen Anpassung fordern, in ihnen selbst nicht wahrnehmbarer Weise vieles zurück, was sie sich arrangiert haben. Herr L. hatte nach zwanzigjähriger Ehe eine Frau, die viel krank war, in Kur- und Sanatorienaufenthalte mußte, was ihn viel Unbequemlichkeiten und viel Geld kostete, zumal auch die Kinder während dieser langen Aufenthalte versorgt und betreut werden mußten.

Frau W. hatte ihren stillen und zufriedenen Mann beruflich immer angetrieben, Abteilungsleiter zu werden. Ihm lag diese Rolle jedoch nicht. Er wollte nicht der Antreiber sein und sich nach oben wie nach unten mit den jetzigen Kollegen dauernd auseinandersetzen. Diese Aufgabe entsprach ihm von seinem Gemüt her nicht, obwohl er dies intellektuell und vom Fachwissen her hätte gut bewältigen können. Seine Frau gab keine Ruhe. Sie war von ihrem eigenen Ehrgeiz geplagt. Selbst hatte sie nicht den Beruf ergreifen dürfen, den sie sich gewünscht hatte. Da nur ihre Brüder eine gute Ausbildung erhalten hatten, fühlte sie sich benachteiligt und war darum ewig unzufrieden. Sicher war sie so begabt wir ihre Brüder, tatsächlich war dies ungerecht und für sie schmerzlich. Sie fand aber zu keinem Weg der Lösung. Über ihren Mann, den sie nicht zuletzt auch wegen seiner guten Ausbildung geliebt und geheiratet hatte, suchte sie Ausgleich für ihre eigenen unbewältigten und ihr aufgezwungenen Verzichtleistungen. Herr W. wurde dann schließlich Abteilungsleiter. Nach vier Jahren starb er jedoch an einem Herzinfarkt. Frau W. hatte ihre Zuneigung zu ihm immer darum als »große Liebe« verstanden, weil er allzu bereit war, auf sie und ihre Wünsche einzugehen, und ihr beistand, die psychischen Komplexe zu lösen, die sie bei sich selbst hätte lösen müssen, nicht über ihren Partner.

In unserer Zeit wird die aktuelle Liebesbeziehung vielfach überschätzt. Man glaubt, daß die spontane und intensivierte Liebeszuneigung für eine Partnerschaft *das* Entscheidende sei. Daß sich Partnerschaft aber im Laufe einer Gemeinschaft erst entwickelt und herausbildet, wird noch zu wenig ausgesprochen und erklärt. Wenn wir bei einem spontanen Zusammentreffen im Unbewußten Wünsche und Ansprüche befriedigen können, verstehen wir dies als Liebe, was dann oft zu romantischen Liebeswünschen und zu irrealen Ansprüchen führt. Darum ist es wichtig, daß wir lernen, über diese Vorgänge nachzudenken und die damit zusammenhängenden Probleme zu formulieren und zu erkennen. Was wir Liebe nennen, ist in vielen Fällen nicht Liebe, also nicht persönliche Zuwendung zum andern, sondern lediglich Ausgerichtetsein auf unbewußte Wunscherfüllungen. Dies sollten wir Verliebtheit nennen. Verliebt ist, wer seine Projektionen auf einen Partner ungestört und unreflektiert genießen kann. Liebe umfaßt immer mehr Realität. Hier wird die Wirklichkeit des andern wahrgenommen.

Eifersucht

Altmodisch?

Natürlich ist es mir nicht gleichgültig, wenn ich bemerke, daß sich mein Partner lieber mit einem andern Menschen unterhält und seine persönlichen Probleme lieber mit ihm bespricht als mit mir, wenn er sich nicht mehr mir zu-, sondern von mir abwendet. Sobald ich feststelle, daß mein Partner bei einem Dritten Anschluß sucht und andere intensive Kontakte aufnimmt, dann geht mich das etwas an, und es ist ganz in Ordnung, daß ich darüber nachdenke, was jetzt zu tun ist. Auch das Gefühl des Traurigseins ist in einem solchen Fall eine normale Reaktion, wenn man liebt und dabei engagiert ist.

Es gibt heute Menschen, die ein solches Verhalten belächeln und es als überholt oder als spießbürgerlich ansehen, zu trauern, wenn der Partner sich zeitenweise intensiver einem andern Menschen zuwendet oder sich bei andern amüsiert und die Freude holt, die er bei mir nicht findet. Eines Tages kam ein junger Mann zu mir in die Sprechstunde, um sich psychotherapeutisch behandeln zu lassen. Er war von seiner Frau geschickt worden. Der Grund war folgender: Seit einem Jahr waren die beiden verheiratet. Jedoch ging die junge Frau seit einem halben Jahr mit einem Geschäftskollegen regelmäßig aus, ging mit ihm tanzen und schlief auch mit ihm. Ihr eigener Mann reagierte darauf mit Resignation, mit Traurigkeit. Er hatte nicht die Kraft, sich gegen das Verhalten seiner Frau zu wehren, und wurde depressiv. Die junge Frau war der Meinung, eine psychotherapeutische Behandlung müsse ihm darüber hinweghelfen und ihn so weit bringen, daß ihn diese Tatsachen nicht mehr stören. Ließe der junge Mann seine Frau ohne Reaktion mit dem andern ausgehen und schlafen, wäre ihm dies gleichgültig, so wäre dies ein Zeichen dafür, daß sie nur nebeneinander und nicht miteinander leben, daß sie ohne intensivere Beziehung zueinander sind. Man müßte dann natürlich fragen: Warum habt ihr überhaupt geheiratet?

Wer keine innige und verbindliche Partnerschaft kennt, gerät kaum in Unruhe und in Sorge um die Zuneigung des andern. Er erlebt keine Probleme, wenn der andere ihm gegenüber untreu ist. Es gibt heute viele, die nebeneinanderher leben, ohne

Partner zu sein, ohne Intensität und Verbundenheit, also in einer Verbindung ohne Hingabe und Beteiligung. Dies wird oft fälschlicherweise als Toleranz und Großzügigkeit ausgelegt, was Mangel an Interesse und an Engagement am andern ist. Man redet viel von Freiheit und meint im Grunde dabei nur die eigene Freiheit. Echte Zuneigung und gelungene Partnerschaft ist immer *freiheitlich vollzogene Bindung*. Wer permanent um seine Freiheit besorgt ist, ist im Grunde noch nicht liebesfähig.

Anklammerung

Der Neurotiker zeigt immer wieder als Merkmal die Angst vor der Liebe, die Angst vor der Hingabe, die Angst vor der Bindung. Wenn der gestörte Mensch sich mit einem andern einläßt, entweder unverbindlich und voll Gleichgültigkeit oder aber mit infantiler Anklammerung, mit infantilem totalen Besitzanspruch, dann können wir daran erkennen, daß er selbst nicht so weit entwickelt und so weit geraten ist, um für den andern ein Du zu sein. Daß sich der solchermaßen Festgehaltene, der Umklammerte, eines Tages zu befreien versucht, ist zu erwarten; denn auf die Dauer läßt er sich nicht darüber täuschen, daß es sich hier nicht um Zuneigung und Liebe handelt, sondern um ganz egoistische Ansprüche des Besitzenwollens.

Zunächst kann eine Umklammerung beim umklammerten Partner eine Selbsttäuschung hervorrufen. Er hat das Gefühl, für den andern von ungeheuer großem Wert zu sein. Dadurch wird das eigene Selbstwertgefühl angehoben. Es ist für ihn erhebend, intensiv und total gebraucht zu werden und für den andern einen Wert darzustellen, also lebenswichtig zu sein. Dadurch wird der Anschein erweckt, als könne der andere ohne ihn nicht leben, sich nicht weiterentwickeln und nicht vorankommen. Wenn dann aber eines Tages dennoch eine Weiterentwicklung stattfindet, kommt man zu der Erkenntnis, daß dies mit Liebe nichts zu tun hatte, daß es vielmehr ein Irrtum war. Der andere brauchte mich nicht als Du, er brauchte mich als Sache, und damit mißbrauchte er mich. Nur im Lernprozeß *beider* Beteiligten läßt sich eine solche Situation überwinden.

Anklammerer neigen immer zu starker Eifersucht. Das hängt mit ihrem Totalitätsanspruch zusammen und damit, daß sie in infantiler Weise den andern nur für sich allein haben wollen – so wie es Kinder gibt, die es kaum verkraften, wenn Geschwister auf die Welt kommen, weil sie die Mutter nur für sich allein beanspruchen. Dahinter steht nicht nur ein übertriebener Anspruch, sondern auch die Angst vor der eigenen Schwäche, sofern ein Kind nicht real vernachlässigt und durch ein Geschwister allzu deutlich zurückgesetzt wird. Viele Eltern bemerken dies in keiner Weise. Dies schafft eine schlechte Disposition im Verhalten gegenüber andern. Eifersucht geht oft so weit, daß sie sich nicht nur auf die anderen Menschen, die in den Gesichtskreis des Partners treten, bezieht, sondern auch auf dessen Arbeit ausdehnt, auf alles, was dem andern lieb und wert ist: auf seinen Beruf, auf seinen Hund, auf seine eigenen Kinder. Eine Frau sagte mir einmal: »Mich reizt die Zigarette, weil er sie braucht und sich damit Lust verschafft – weil er von ihr abhängig ist.« Dabei ärgerte sie sich über die Abhängigkeit nicht um des Partners und seiner Beeinträchtigung willen, vielmehr wünschte sie sich, daß er von ihr in solcher Weise abhängig sein sollte wie von seiner Zigarette. Sie wünschte, er liebe sie wie ein Süchtiger, blind, vom Unbewußten her gezwungen. Sie wünschte ihn lieber krank und gestört, um ihn in der Hand zu haben.

Eifersucht steht immer im Zusammenhang mit Angst, und immer ist es Angst um zu wenig Zuwendung, zu wenig Intensität in der Beziehung zueinander. Dabei kann offenbleiben, ob der Anspruch des einen zu groß ist, ob er zu viel an Zuwendung erwartet – oder ob tatsächlich zu wenig Engagement des Partners empfangen wird. In beiden Fällen ist die Beziehung nicht intakt. Derartige Störungen treten leicht auf, wenn zwei Partner verschiedene Zielvorstellungen vom Zusammenleben haben oder wenn Hingabe und Erwartung einander nicht entsprechen. Gerade jene Menschen, die selbst wenig bereit sind, für den andern dazusein, sich innerlich ganz zur Verfügung zu stellen, die also viel Selbstbewahrung und Sorge um sich selbst haben, erwarten vom andern oft mehr, als dieser zu geben vermag. Wer selbst wenig Zuwendung und viel Frustration erleben mußte, hat einen schwierigen Weg, dahin zu gelangen, wo man gerne gibt und nicht allzuviel erwartet, denn erst dann können wir eine Beziehung ohne Forderungen gestalten, eine freiheitliche Partnerschaft.

Sofern ich vom andern ein Übermaß an Konzentration auf mich erwarte, muß ich mich ganz unbewußt unsicher fühlen, was sich oft als Eifersucht äußert. Ich muß um so mehr unsicher werden, je weniger ich selbst in mir die Möglichkeit habe, liebevoll mich zu verströmen.

Frau X. war sich nicht über die Motive ihrer Partnerwahl bewußt. Sie hatte ihren Mann geheiratet, weil er damals als junger Mensch gut aussah, weil er einen interessanten Beruf hatte und einen gewissen sozialen Status garantierte, weil er darüber hinaus auch klug erschien und eine gemütvolle Art in der Beziehung zu andern Menschen hatte. Sie erhoffte sich also viel von dieser Partnerschaft. Infolge der Frustrationserlebnisse in der Kindheit, die zu Minderwertigkeitsgefühlen führten, glaubte sie, ihrem Mann wenig geben und sein zu können. Dies kompensierte sie mit viel Arbeit für Haushalt, Kinder und Mitarbeit im Geschäft. Sich jedoch für die Interessen ihres Mannes einzusetzen, konnte sie sich nie aufraffen. Durch seine Gemütswärme fühlte sie sich zwar immer wieder angesprochen, doch gelang es ihr nicht, sich selbst in dieser Richtung zu entfalten und eigene Gemütskräfte aufzubauen. Es blieb bei der getrennten Leistung: Jeder gab seinen so verschiedenen Teil dem andern, aber Gemeinsamkeit war nicht vorhanden. Frau X. wurde immer wieder von heftigen Eifersuchtsqualen überfallen, die zu endlosen Szenen, Kränkungen und Schwierigkeiten der beiden Eheleute führten.

In solchen Fällen erfolgt keine Entwicklung zum Wir, vielmehr führt das zwangsweise zum Leiden, zu einer masochistischen Lebenshaltung in der Gemeinschaft mit dem andern. Es ist ein normales und gesundes Verhalten, alles abzuwehren, wenn ein Partner sich andern so zuwendet, daß unsere Gemeinsamkeit darunter zu leiden hat. Das erfordert aber immer eine bewußte Klärung der Situation. Es geht nicht darum, daß ich den andern, der mir gefährlich wird, ausschalte oder daß ich Barrieren dazwischenschiebe, den andern abwerte und den

Partner wieder auf mich konzentriere. Wenn ich die tieferen Zusammenhänge, die zu einer solchen Situation führen, nicht erfasse, nicht verstehe und dem nicht nachspüre, was der andere will oder warum diese Situationen eintreten, dann verschiebe ich nur zeitlich die Ereignisse, und es ist keine Lösung zu erwarten.

Im Käfig

Wenn für einen Partner plötzlich ein anderer wichtig wird und mit ihm dann Erlebnisse gefunden werden, die mit dem eigenen Partner bisher vermißt wurden, gibt es nur sinnvolle Lösungen, wenn dadurch wenigstens bei einem etwas bisher nicht Wahrgenommenes ins Bewußtsein eintritt und er nun in der Lage ist, dies auch mit seinem Partner durchzuarbeiten.

Herr R. war überwältigt, nach vielen Ehejahren mit einer Frau, die sich nie für seine Arbeit und auch nicht für seine Liebhabereien interessierte und an ihm mehr oder weniger überhaupt nicht teilnahm, auf eine Frau zu stoßen, die sich für all dies im Gespräch aufgeschlossen zeigte und lebhaft Anteil nehmen konnte. Das Desinteresse seiner Frau hatte sein Selbstwertgefühl abgebaut, zumal die Abwertungen seiner Frau aus einem hochmütigen Gebaren stammten. Sie fühlte sich mit ihren vermeintlichen geistigen Interessen, ihrem fleißigen Besuch von Vorträgen, Ausstellungen und Theatern sehr viel gebildeter als ihr Mann. Wie sehr dies jedoch alles kompensierende Versuche waren, ihr eigenes kleines Ich aufzuwerten, darüber wußte sie nichts. Daß Geistigkeit ohne Integration einer vitalen Basis, die zu unserem Erdendasein gehört, eine sehr fragwürdige Angelegenheit ist, wußte diese klugtuerische Frau auch nicht. Wer wirklich weise und kein Vielwisser ist, weiß und fühlt die Bedeutung einfachen Tuns, zum Beispiel Gartenarbeit, Freude an Tieren, Wandern und was alles hierzu gehört. Als Frau R. die Sympathie für jene andere Frau bei ihrem Mann nicht mehr leugnen konnte, wurde sie von blinden, affektiven Überfällen geplagt, in denen sie sich so verhielt, daß sie auf ihren Mann zunehmend abstoßend wirkte. Sie war gehässig und lieblos, vor allem aber ohne Nachdenken über ihren eigenen Anteil an dem Geschehen. Sie wollte nichts dazulernen, nichts verändern, nichts neu bauen, vielmehr nur besitzen, den alten Status erhalten, da sie oben und in Scheinüberlegenheit schwebte und ihn, auf dessen Beruf und dessen Ausbildung sie im Grunde neidisch war, Unterlegenheit erleben lassen konnte. Diesen Zustand genoß sie.

Herr P. wollte seine Frau besitzen und über sie verfügen, so wie manche Menschen glauben mit Tieren umgehen zu dürfen. Er überschüttete sie mit allem, was sie ans Haus und an ihn band: Sie bekam von ihm drei Kinder, deren Geburt er bestimmte. Er delegierte an sie viel Arbeit aus seinem Beruf. Ihr oblag allein die Bestellung des Gartens, der das Haus umgab. Er war unleidlich zu ihren Freunden und Bekannten, so daß diese bald nicht wiederkehrten. Selbst seine eigenen Freunde wurden nicht mehr eingeladen, wenn er das Gefühl hatte, seine Frau könnte sich an ihnen freuen. Im Grunde hatte er einen Käfig um diese Frau gebaut, aus dem sie kaum entrinnen konnte. Jeder Sprung in eine persönliche Freiheit wurde von ihm mit schlechter Laune, Nörgeleien und oft mit Wutausbrüchen beantwortet. Ging sie mit ihrer Freundin schwimmen, lief dies gegen seinen Willen; wollte sie zu einem Vortrag in die Volkshochschule, war dies ebenso. Diese Frau fühlte zunächst unbewußt, dann aber immer bewußter, wie es um sie stand. Ihr war ganz klar, daß seine Art von Zuneigung krasser Egoismus und fast krankhaft war. Sie war gesund genug, um sich zur Wehr zu setzen. Sie suchte Hilfe, um Lösungen anzustreben.

Der Eifersüchtige ist im allgemeinen nicht auf eine Lösung in diesem Sinne, nämlich im Sinne der Auseinandersetzung und der Klärung, bedacht. Er will nicht die tiefere Problematik kennenlernen, die in dieser Gemeinschaft, die gestört wird, auftaucht, vielmehr antwortet er blind im Affekt. Er reagiert ohne Vernunft und will nicht das Problem zwischen sich und dem andern suchen, sondern er will den andern nur *haben*. Er will immer wieder die ungetrübte, meist illusionäre Ausgangssituation wiederherstellen. Der Eifersüchtige verhält sich darum, entgegen seinem eigenen Verstand, zwanghaft infantil. Er fühlt nur, daß der bisherige Status gestört wird. Das wird ihm lästig, weshalb er den vorherigen Zustand zurückgewinnen möchte – mit allen Mitteln, auch mit den Mitteln, die sonst als menschenunwürdig bezeichnet werden. Dabei wäre die Frage zu stellen: Wo ist unsere Beziehung schwach? Wo war sie nicht tragfähig? Wo liegen die schwachen Stellen, die wir bisher nicht erkannt haben? Woher rührt die Angst, die wir haben müssen? Wer bei sich selbst nicht weiterkommt, muß sich Hilfe durch erfahrene Berater suchen.

Ich erinnere mich an einen Mann, der seine Frau stets quälte durch übertriebene Forderungen, die er an sie stellte. Sie sollte alles sein: eine perfekte Gastgeberin, eine charmante, liebenswürdige Frau, eine vorbildliche Hausfrau, die von früh bis spät sich abrackert und sparsam ist, die für die Kinder die Hosen näht, mit den Kindern spazierengeht, die ihm noch nebenher Briefe schreibt, ihm die Steuererklärung abnimmt und auch abends nicht müde ist, wenn er mit ihr ins Bett geht. Sie sollte rundherum alle Wünsche erfüllen. Er selbst war sehr eifersüchtig, wenn er feststellte, daß seine Frau, an die er so totale Ansprüche stellte, mit einem anderen Mann mit Vergnügen und gerne tanzte, sich gerne mit andern Menschen unterhielt, wenn sie glückselig nach Hause kam und strahlte, nachdem sie unter anderen Menschen war. Dieser Mann war nicht auf die einfache Überlegung gekommen, warum diese Frau sich freute, von anderen einige Freundlichkeiten zu erfahren, mit anderen zu tanzen, mit anderen fröhlich zu sein. Es bestand ein ganz primitiver Zusammenhang: Die andern bekrittelten sie nicht, die andern stellten keine übertriebenen Forderungen, bei den andern durfte sie ein schlichter, einfacher Mensch sein; sie fanden sie nett und liebenswürdig, was sie auch tatsächlich war. Auf die Überforderung ihres Mannes reagierte sie ganz natürlich mit dem Bedürfnis, sich andern Menschen zuzuwenden. Wer aber nicht bereit ist, solche Zusammenhänge zu erkennen, und auch die eigene Fehlhaltung, die damit verknüpft ist, nicht sehen will, wer sich selbst nicht dazu stellt, kann die Situation nicht lösen.

Unsicherheit

Nun gibt es viele Eifersüchtige, die keinen äußeren Anlaß zur Eifersucht haben. Sie sind in sich selbst von Angst und Unsicherheit erfüllt und haben dazu meistens auch echte Gründe. Vielleicht haben sie negative Erfahrungen bei früheren Partnerbeziehungen gemacht, die sie nicht aufarbeiten konnten und von denen sie fürchten, daß sie von neuem auf sie zukommen. Es können aber auch gestörte Beziehungen zu Vater oder Mutter sein, die sie eifersüchtig werden lassen, weil sie in den allerersten Liebesbeziehungen zu wenig Sicherheit und Geborgenheit erfahren haben. Das Beispiel einer schlechten Elternehe kann derartige Unsicherheiten bewirken, so daß man sozusagen stets darauf wartet, wann in der eigenen Ehe auch solch unerfreuliche Situationen auftauchen.

Sehr häufig aber sind verborgene Minderwertigkeitsgefühle das Motiv zur Eifersucht. Wenn wir zu dem Beispiel jenes Mannes zurückkehren, der seine Frau so primitiv überbeanspruchte und quälte, sich selbst in einer übersteigerten Sicherheit fühlte und – als beruflich erfolgreicher Mann – berechtigt glaubte, derartige Ansprüche zu stellen, so sehen wir: Seine Besserwisserei und sein Anspruch, den er an seine Partnerin stellte, waren eine Kompensation. In Wirklichkeit war er im Innern klein und unsicher. Er benötigte eine perfekte und gesellschaftlich glänzende Frau, die ihm überall die Sicherheit vermitteln sollte, zu der er selbst zu schwach war. Mit ihrer Hilfe konnte er seine verborgenen, unbewußten Minderwertigkeitsgefühle gut und erfolgreich verdrängen. Höchst erstaunt war er, als man ihn auf die Zusammenhänge aufmerksam machte, und er lehnte sie zunächst völlig ab, denn er trat überall als selbstsicherer und fordernder Mann auf. Wer aber von diesen Erscheinungen und Motiven etwas mehr versteht, konnte erkennen, daß er ein wenig allzu sicher war und allzu betont und unanfechtbar auftrat. Die Eifersüchtigen suchen im Grunde immer beim andern Zuflucht, Sicherheit und Garantien. Sie fürchten sich vor den offenen Möglichkeiten und den Gefahren, die es im Leben immer gibt, und können diese Unsicherheit nur schwer ertragen – sei es, weil sie »gebrannte Kinder« mit schlechten Erfahrungen sind, sei es, weil sie an allem leiden, was das Leben an Risiken und an Qualvollem mit sich bringt. Sie reagieren darauf zu sensibel und zu angstvoll oder fühlen sich in ihrem Ich geschwächt. Wie man in der Kindheit bei einem andern Menschen Geborgenheit suchte, so wollen sie beim Partner Zuflucht finden, die nie gestört werden soll.

Grundlage der Unsicherheit ist oft das Gefühl des Ungenügens. Der Eifersüchtige »weiß« unbewußt, daß er seinem Partner nicht genügt und ihm nicht gerecht wird. Er ist zum Beispiel nicht sicher, ob er genug Anziehungskraft besitzt, oder er glaubt, daß er auf irgendeinem Teilgebiet, etwa in der Sexualität oder im Bereich des Gemüts oder sonstwo unzulänglich sei. Vielleicht fühlt er sich als Mann gegenüber anderen Männern – oder als Frau gegenüber anderen Frauen – unterlegen. Das kann körperlich oder seelisch, aber auch geistig zu verstehen sein. Man hat Angst, man sei zu wenig partnerfähig, man könne den andern zu wenig annehmen und tragen. Manche Menschen fühlen instinktiv und völlig zu Recht, daß sie im Grunde zu wenig auf ihren Partner eingestellt sind. Bewußt ist ihnen das natürlich nicht. Im Gegenteil: Sie glauben, alles für ihren Partner zu tun und sich für ihn engagiert zu interessieren. In Wirklichkeit sind sie aber viel zu sehr mit sich selbst beschäftigt und besitzen eine geringe soziale Tragfähigkeit. Minderwertigkeitsgefühle haben immer irgendeine reale Basis, sie werden nur meistens falsch gedeutet und nicht im richtigen Zusammenhang aufgespürt.

Zuweilen kann man durch Eifersucht Aufmerksamkeit auf sich lenken. Auch das ist bei manchen Menschen eine Motivation. Sie kann auch eine Projektion sein: Man sieht beim andern als Gefahr das, was man im eigenen Innern ahnt oder sogar wahrnimmt. Zum Beispiel kann man selbst – ganz verborgen, ohne es wahrhaben zu wollen und ohne sich im Bewußtsein darüber im klaren zu sein – den Wunsch haben, andere Partner kennenzulernen, sich für sie zu interessieren und bei ihnen ein bißchen Trost oder Selbstwertgefühl oder sonst irgend etwas zu holen. Man verdrängt diese Wünsche, fürchtet sich vor ihnen und sieht sie dann beim Partner: Er könnte ja in einem ähnlichen Zustand sein. Durch Eifersucht beugt man somit einer »Gefahr« vor. Um die eigene Untreue, die man unbewußt in sich trägt, die einen aber beängstigt – das kann man an Träumen gut ablesen –, um diese eigene Untreue bewältigen zu können, wird sie auf den anderen projiziert. Damit fürchtet man die Untreue des andern. Wenn ich selbst zum andern nicht oder noch nicht ganz stehen, ihn noch nicht tragen und annehmen kann in seiner Unzulänglichkeit, in seinem Sosein, dann werde ich eifersüchtig, weil ich im Unbewußten befürchte, daß er auch meiner Unzulänglichkeit, meinem Sosein gegenüber ebenso reagieren könnte.

Der grundlos Eifersüchtige unternimmt aus Angst und aus innerer Unsicherheit heraus merkwürdige Versuche, den andern an sich zu binden. Er versucht, ihn unterlegen zu halten, ihn durch Manipulationen an sich zu fesseln. Er soll hilflos sein, sich nicht allein Krawatte, Anzug und Hemd zusammenstellen können, denn »er braucht mich ja zu allen Dingen, auch zu diesen kleinen, banalen Dingen des alltäglichen Lebens«. Er soll sich für nichts interessieren, er soll sich auch an nichts freuen, er soll auch keine Interessen haben. Hier äußert sich dann der Wunsch, den andern zum Unterlegenen zu machen und sich selbst in kindlicher Macht im andern sicher zu fühlen. Man will den andern also sozusagen wie einen Hund besitzen und abhängig machen. Eifersucht will im Grunde immer etwas kompensieren, man kann auch sagen: etwas verdecken.

Ich erinnere mich an eine Patientin, die ihren Mann mit einer heftigen Eifersucht attackierte und ihm das Leben schwermachte, allerdings sich selbst damit auch. Im Grunde war sie eine kluge Frau, die sich selbst über ihr eifersüchtiges Verhalten entsetzte und damit sich ständig in einer Gespaltenheit erlebte. Sie kam sich minderwertig vor und war von Schuldgefühlen geplagt, weil sie in so primitiver Weise eifersüchtig war. Sie überwachte ihren Mann und litt schrecklich darunter, wenn er sich für andere Menschen oder für andere Probleme und Themen interessierte. Immer verdächtigte sie ihn, obwohl sie mit dem Verstand sich sagte, daß sie gar keinen Grund zur Eifersucht habe. Als gescheiter Mensch fand sie diese Regungen selbst als höchst merkwürdig und versuchte, dagegen anzugehen, aber es gelang ihr nicht, einen Erfolg zu erzielen. Die

Gründe für ihre Eifersucht lagen tiefer und mußten mühsam aufgespürt werden. Sie hatte ihren Mann als ein Idealbild geheiratet. Er sah gut aus, so wie sie sich »ihren« Mann vorgestellt hatte, sie hielt ihn für begabt und hat ihn im Grunde in die Ehe hineinmanövriert. Später fürchtete sie, er könnte dies eines Tages entdecken und dahinterkommen, wie sie mit ihm verfahren sei, und hatte jetzt immer Angst davor, daß es ihm bewußt werden könnte. Auch fand sie, daß er für sie eigentlich zu schön sei, und hatte wegen ihres eigenen Aussehens große Minderwertigkeitsgefühle. Dazu kam noch, daß sie sich im sexuellen Bereich unterlegen fühlte. So war sie von vielen Ängsten beherrscht, und diese übersteigerte, beide Partner massiv belastende und schwer zu ertragende Eifersucht führte sie fast in die Krankheit. In Wirklichkeit aber hatte sie gar keinen Grund zu solchen Ängsten, denn sie sah ihrem Alter entsprechend gut aus – wie ihr Mann seinem Alter entsprechend.

Sie war ihm im Emotionalen sogar überlegen, hatte andere Talente als er und andere Möglichkeiten, etwas in ihrem Leben zu gestalten, andere Menschen zu bereichern und zu beglücken. Aber aus ihren Minderwertigkeitsgefühlen heraus konnte sie ihre eigenen Vorzüge weder wahrnehmen noch zur Geltung bringen und war von Angst und Schuldgefühl in solchem Maße überlagert, daß sie sich selbst nur noch negativ sehen konnte. Sie fürchtete aus ihrer Unsicherheit, den Partner zu verlieren, und konnte sich nicht vorstellen, daß sie ihm auf die Dauer als Partner genügen könnte. Hinzu kam bei ihr noch das Kindheitserlebnis der Kriegszeit und der Fluchtsituation, was in ihr die Angst begründete, ein gemeinsames Leben im Zusammensein mit einem Partner sei nicht für immer gesichert. Somit suchte sie auf Grund einer schon erlebten Unsicherheit die Sicherheit im andern.

Beim Eifersüchtigen ist darum immer die Frage entscheidend: Ist er bereit, bei sich selbst auch Lösungen zu suchen, an sich selbst, am schwachen Selbstgefühl und den damit verbundenen Abhängigkeitserlebnissen, an seinen Kompensationswünschen zu arbeiten, oder geht es ihm nur darum, den andern zu besitzen, sich anzuklammern und seine vermeintlichen Rechte auszuspielen und eben recht zu haben? Dies trifft – und dies muß beachtet werden – auf den zu, der immer wieder und mehr oder weniger auf alles mit Eifersucht reagiert, auch dann, wenn überhaupt kein Grund besteht, was natürlich dem krankhaft Eifersüchtigen eben nie einsichtig zu machen ist. Eifersucht kann sich bis zum Wahn steigern, und es ist in solchen Fällen wirklich ein Zusammenleben unmöglich, weshalb dann eine Trennung sinnvoll ist, ehe der Partner tiefer geschädigt wird.

Verborgene Wünsche

Ganz anders liegen die Verhältnisse, wenn tatsächlich durch einen andern die Beziehung echt bedroht ist und die dahinterstehenden Probleme für beide Teile aufgedeckt und besprochen werden müssen. Der sich anderswo Befriedigung suchende Teil sperrt sich oft gegen offene, klärende Gespräche, weil er bei seinem Partner eben nur Szenen und Gehässigkeiten zu befürchten hat und keine Lösungshilfe erwarten kann. Zuweilen geht derjenige, der den Grund zu ganz natürlicher eifersüchtiger Reaktion bietet, der Klärung darum aus dem Weg, weil er fürchtet, das aufgeben zu müssen, was ihm zunächst eben bedeutungsvoll ist, ehe er dafür von seinem Partner mehr erhält als bisher. Im allgemeinen ist es auch so, daß man nicht nur vom Partner das, was man sucht, erwarten kann, vielmehr muß man selbst dazu beitragen, damit man zusammen in eine neue Gemeinsamkeit, in die damit verbundene Erweiterung hineinwächst. Wer sich selbst nicht um Gemeinsamkeit und Partnerschaft zu mühen bereit ist, zieht es vor, sich mit anderen Kontakten zu sättigen, ohne all die Mühen, die Lösungen in der Partnerschaft erforderlich machen. Es ist sicher ein leichtes und ein bequemes Dahinleben, wenn man sich da ein bißchen Bewunderung holt, dort die Illusion, ein Eroberer zu sein, hier in der Rolle des Überlegenen oder an anderer Stelle als der arme, zu bedauernde und Hilfe erheischende Mensch auftritt. Wir müssen solche Menschen nicht beneiden und darum auch nicht moralisch abwerten. Es sind meist die, welche zu mehr Partnerschaft und auch zu mehr Entwicklung der eigenen Persönlichkeit nicht fähig sind. Im allgemeinen treffen sie auch wieder auf solche Beziehungspersonen, die sich in ähnlicher Lage befinden und ebenfalls in solchen Rollenspielen und oberflächlichen Ergänzungs- und Kompensationsversuchen ihre Balance zu finden versuchen.

Wer sich allzusehr darüber moralisch entrüstet, muß sich selbst fragen, ob er dies dem andern neidet und eventuell eigene solche Versuche nur verdrängt und nicht wagt. Wenn wir erst mit den Hintergründen unseres Handelns bewußter leben lernen, werden wir im Umgang mit uns selbst etwas vorsichtiger und auch milder in der Verurteilung der andern. Oft verurteilen wir im andern unsere eigenen verborgenen Wünsche oder Bedürfnisse, die unser Über-Ich und zuweilen auch unser Ich ablehnt.

Ein anderes Beispiel zeigt, wie schnell der Partner eifersüchtig wird, wenn er sich intensiv anderen Dingen zuwendet und keine Kraft und keine Zeit mehr für das Partnersein übrig hat. Ein Mann, der in seinem Beruf auf- und fast könnte man sagen: unterging, plagte seine Frau mit Eifersucht und wurde sehr böse, wenn sie mit anderen Männern lachte und fröhlich war oder wenn sie gerne zu Bekannten ging und zeigte, daß ihr der Mann ihrer Freundin sympathisch war. Der Eifersüchtige vermied deshalb gemeinsame Ausgänge und gemeinsame Kontaktpflege mit anderen Menschen und trieb seine Frau in eine fühlbare Vereinsamung. Sie ihrerseits reagierte darauf in der Weise, daß sie Kontakte *suchte.* Im Grunde war die Unsicherheit des Mannes begründet: Er wandte alle seine Kraft in so übertriebener und einseitiger Weise an seine Arbeit und an seinen beruflichen Ehrgeiz, daß er innerlich unbewußt, das heißt jenseits seines bewußten Erkennens ahnte, wie wenig Engagement und Hingabe für seine Frau und für seine Familie übrig blieb. Intuitiv fühlte er richtig, wie es um ihn stand. Die Ehe wurde also nicht nur durch die Eifersucht des Ehemannes schwierig, sondern auch durch die Motivation, die der Eifersucht zugrunde lag. Es gab daher sehr viel zu tun, um aus dieser Situation allmählich herauszufinden.

Bei der Eifersucht spielt auch die Einstellung zum eigenen Geschlecht eine wichtige Rolle. Frauen, die andere Frauen nur als Wesen verkörperter Weiblichkeit betrachten, gewissermaßen als Katzen, die die Männer umgarnen, als Weibchen, die die Männer blind machen, um sie für sich und ihre Zwecke zu nutzen – Frauen mit derartigen Vorstellungen werden schnell eifersüchtig. Sie müssen ja annehmen, daß jede Frau in dieser Weise auch auf den eigenen Mann reagiert. In derartigen Fällen muß man untersuchen, ob die betreffenden Menschen selber dazu neigen, andere in dieser Form sich »einzuverleiben« und zu umgarnen. Wenn ich allen Frauen gegenüber negativ eingestellt bin und sie nur negativ sehe, kann mich dies eifersüchtig machen und warnen. Was wir so sehr fürchten und was uns allzusehr erregt, steht mit uns selbst in tieferem Zusammenhang. Oft ist das, was uns ängstigt oder was wir am andern verurteilen, auch in uns selbst, nur verborgen und verdrängt, also unbewußt. Vom Bewußtsein her wird dies natürlich weit abgewiesen. Umgekehrt ist die Wirkung ebenso: Sehe ich andere Frauen übertrieben positiv an, sind sie in meiner Vorstellung schönere, »tollere« und perfektere Frauen als ich, dann müssen sie in meinen Augen ebenfalls gefährlich für meinen Mann werden. Dasselbe gilt natürlich auch für den Mann. Betrachtet er die anderen Männer als Draufgänger und Eroberer, die nehmen, was zu haben ist, die ohne Widerstand und ohne Hemmung auf Eroberungen ausziehen, dann muß er seine Frau behüten, abschirmen, einsperren und sie vor andern möglichst wegschließen.

Hier ist auch die Frage geboten: Hast du selbst im verborgenen den Wunsch, auch ein solcher Mann zu sein? Ist diese Haltung in dir auch vorhanden, auch wenn du sie nicht praktizierst? Ist sie ein Wunsch im Unbewußten? Die Sorge, andere Männer sehen besser aus, sind männlicher, erobern leichter, können dies und jenes besser als ich, zum Beispiel mit Frauen umgehen – solche Sicht des anderen Menschen macht unsicher, und man braucht eine gesunde Portion Ich-Stärke, um hier ausgleichen zu können. In der Tat hängen derartige Einstellungen häufig mit der Sicherheit und der Reifung des eigenen Ich zusammen.

Nie sucht der Eifersüchtige das Problem bei sich selber. Immer ist der andere an allem schuld, immer verhält sich der andere so, daß ich eifersüchtig werden muß. Immer sieht man Gründe und Motivationen, auch wenn der Verstand einem sagt, daß sie möglicherweise gar nicht stimmen. Und dann gibt es noch den Eifersüchtigen, der die Schuld bei demjenigen sucht, der vermeintlicherweise den Partner »einfangen« will.

Zuweilen wird mit der Eifersucht gespielt. Es gibt Menschen, die ganz bewußt oder auch nur halb bewußt beim Partner gerne Eifersucht erregen. Sie lieben es, den andern unsicher zu machen, um sich selbst zur Geltung zu bringen und wieder Mittelpunkt zu werden. Es sind Menschen, die die Eifersucht des Partners geradezu genießen, aber gar nicht merken, daß sie dazu ganz gezielt Anlaß bieten. Lächerlich und komisch ist dann immer nur der andere, der sich wehrt. Solche Männer oder Frauen wollen ebensowenig wie der Eifersüchtige von ihrem eigenen Fehlverhalten wissen, vielmehr finden sie alles »normal«, was ihnen genehm ist und gerade paßt. Sie nehmen sich als den Maßstab des Verhaltens. Ihres Mangels an Einfühlung, an differenziertem, kooperativem und partnerschaftlichem Verhalten wollen sie nicht bewußt werden.

Für den mit Eifersucht Geplagten und auch für den durch die Eifersucht des Partners Gequälten ist es schwierig, die psychische Klärung und die Aufdeckung der verborgenen Hintergründe des Geschehens zu finden. Psychologische Beratung kann hier viel weiterhelfen. Aber auch vor diesem Entschluß, sich helfen lassen zu wollen, wo man allzu leicht im dunkeln tappt, müssen wir uns bemühen, die jeweils vorliegende Situation uns selbst etwas bewußter werden zu lassen.

Was kann man tun?

Wie soll man nun ein so schwieriges Problem wie die Eifersucht angehen? Kann man etwas dagegen tun? Wer nur auf sich selbst angewiesen ist, kann die Eifersucht nur schwer bekämpfen. Es kommt immer darauf an, die dahinterliegenden Motive zu finden und über sich selbst mehr Klarheit zu bekommen. In solchen Fällen sind therapeutische Hilfen durchaus angezeigt, mindestens eine Beratung oder eine Gruppentherapie. Für den

Partner des Eifersüchtigen ist es schwierig, wenn nicht unlösbar, ihm zu helfen, da er ihn ja mit der Eifersucht plagt und belästigt und dadurch die gute Beziehung erschwert. Vernunftgründe lehnt der Eifersüchtige ohnehin ab. Logische Argumente nützen also nichts, sie führen nur zum Streiten. Dies zerstört dann den Rest der noch vorhandenen intakten Beziehung. Richtige Hilfe können wir dem Betroffenen immer nur geben, wenn wir ihm zu innerer Sicherheit und zur Sicherheit in unserer Zuneigung verhelfen. Nur dann gibt es keinen Streit, nur dann brauche ich mich nicht über die Eifersucht und über das Mißtrauen zu ärgern, das mir der Partner unterstellt. Ich habe dann keinen Grund, beleidigt und gekränkt zu sein, sondern gebe dem andern ein gutes Wort und bin imstande, zärtlich zu ihm zu sein. Mit kleinen Gesten gebe ich ihm zu verstehen, wie wichtig er für mich ist, wie sehr ich ihn brauche, wieviel er mir bedeutet. Damit bestätige ich gerade das, was er sucht und was ihm nottut.

Dabei ist es wichtig, den andern immer wieder durch entsprechende Verhaltensweisen, kleine Aufmerksamkeiten und vor allem durch Gespräche wissen zu lassen, was mir an ihm lieb ist, wo er mir bedeutsam ist. Man sollte ihm auch das aufzeigen, was man von ihm bräuchte und haben sollte und was die Beziehung vertiefen und mehr erfüllen könnte. Damit weiß der verunsicherte andere auch, an welcher Stelle er sich bemühen kann, was auch eine konkrete Hilfe einleitet.

Mit dieser stützenden Haltung baue ich seine Unsicherheit und sein Nichtigkeitsgefühl ab, das hinter seinem eifersüchtigen Verhalten versteckt ist. So etwas läßt sich nicht allein mit Worten ausdrücken. Überzeugend ist nur das *Tun*. Die liebevolle Umsorgung des andern, das behutsame Einfühlen in seine Lebenssituation lassen uns die Atmosphäre finden und eine Lage gestalten, in der der Partner unsere Nähe fühlt. Im Lauf einer gewissen Zeit hilft diese Art der Unterstützung eigentlich immer, um eine innere Angst zu überwinden.

Mit psychologischen Kniffen lassen sich diese Erscheinungen nicht wegreden. Wenn ich meinem Partner vorwerfe: »Du hast ja Minderwertigkeitskomplexe. Du bist ja selber unsicher. Vielleicht willst du selbst untreu sein und unterschiebst mir diese

Absichten« – wird Psychologie mißbraucht und mißverstanden. Im Grunde sind derartige Praktiken auch unmenschlich, sie sind Beweis mangelnder Teilnahme und fehlenden Mitfühlens. Wir müssen dem andern geben, was er entbehrt, erkennen, daß er Hilfe braucht.

Äußerst schwierig ist es allerdings, jemandem zu helfen, der in seiner Eifersucht gewalttätig und sadistisch vorgeht. Seelisch gestörte Menschen haben die Neigung, den die Eifersucht auslösenden Partner zu quälen, sich an ihm zu rächen; sie empfinden geradezu Lustgefühle, den andern bis zu einem Punkt zu bringen, an dem er nahezu zerstört wird. Wo Eifersucht und solch sadistisches Verhalten zusammentreffen, braucht der andere dringend Hilfe von dritter Seite, da er sich sonst der fortschreitenden Zerstörung aussetzt. In schwierigen Fällen sollten sich beide Partner an einen Psychoanalytiker wenden, damit das Problem von der Gesamtpersönlichkeit und vom Gesamtschicksal her aufgerollt werden kann. Bei dieser Beratung findet der einzelne den Durchbruch zur Selbsterkenntnis und bei richtiger Hilfe auch den Mut zu größerem Selbstvertrauen. Wer die Eifersucht in sich selbst überwinden will, kann sie nicht mit Gewalt steuern und auch nicht durch den Willen seine Affekte lenken und ändern. Aber er kann bereit werden zu der Erkenntnis, woher seine Affekte kommen, er kann sich also bereit machen, sich selbst etwas einzugestehen, sich selbst kritischer zu betrachten, und er kann sich auf die Suche begeben, wo seine Unsicherheit begründet ist, und dies dann auch sich und seinem Partner gegenüber zugeben. Man sollte sich immer vor Augen halten: Solange man seine eigene Not nicht eingestehen kann, sind es immer Stolz und Angst, die dieses Sich-Verkriechen verursachen. Fruchtbare Ansätze zur Lösung der Probleme können nur im guten und echten Gespräch gefunden werden. Es gilt also zuerst die eigene Not sehen zu lernen, dann erst können wir uns ändern. Das ist natürlich ein langsamer Prozeß, bei dem wir die Hilfe unseres Partners brauchen, um den wir uns sorgen. Aber auf diese Weise wird es oft gelingen, die richtigen Wege zu finden.

Streiten muß auch sein

Gesträubte Federn

Streiten ist nicht zu vermeiden, wo Menschen zusammenleben. Auch unter den Erwachsenen gilt dieser Satz. Um uns jedoch davor zu bewahren, daß Streitereien in sinnloses Gezeter ausarten, müssen wir uns einige Grundregeln des Streitens ins Bewußtsein rufen und darüber nachdenken. Selbst in einer guten Beziehung zwischen zwei Menschen, die sich eng verbunden und füreinander zuständig fühlen, gibt es zwischendurch Meinungsverschiedenheiten, Mißverständnisse, und es treten ganz natürlicherweise Spannungen auf, die einfach aus der Tatsache resultieren, daß zwei Menschen zwei Köpfe haben und zwei Persönlichkeiten bleiben. Die Entwicklung des einen und des andern vollzieht sich nicht gleichmäßig, weil sie von verschiedenen Voraussetzungen her verläuft und weil die Umwelt jedem der beiden Partner ganz andere Entwicklungsreize gibt. Denken wir an das Berufsleben, das ja selten gemeinsam durchlaufen wird, betrachten wir auch die verschiedenen Rollen und die verschiedenen Entwicklungsphasen, die Mann und Frau haben. Auch Menschen, die sich gut verstehen, sind nicht so gleichartig, daß sie nicht zu Auseinandersetzungen kämen. Wo gar keine Reibereien und keine Meinungsverschiedenheiten auftauchen, wo keine Auseinandersetzung stattfindet über Monate und Jahre hin, da besteht der Verdacht, daß immer nur *ein* Kopf denkt, *ein* Kopf wählt, *ein* Herz fühlt. Es besteht also die Gefahr, daß vieles verdeckt, verschluckt und verdrängt wird und die Lebendigkeit des Zweiseins nicht realisiert werden darf. Werden Spannungen und Auseinandersetzungen richtig durchgestanden, muß es nicht unbedingt zu verletzenden und kränkenden Streitereien kommen, aber an der Tatsache, ob überhaupt Probleme auftauchen dürfen, ob sie bewußt formuliert werden können, und an der Art, wie sie dann angegangen und bewältigt werden, ist viel abzulesen über die Beziehung zwischen zwei Menschen. Wichtig ist zunächst, das Vorurteil abzubauen, daß es ein Gartenlaubenglück gäbe, das heißt eine totale Übereinstimmung. Prüfen wir also uns selbst, wie wir reagieren, wenn der Partner anderer Meinung ist, wenn er uns gegenüber kritisch auftritt. Ertragen wir dies? Haben wir so viel Stärke, vom andern Kritik formulieren zu lassen, oder wehren wir sofort ab? Wie reagieren wir darauf, ärgern wir uns, ist es uns lästig, peinlich, sind wir gekränkt, verletzt? Bemitleiden wir uns selbst, sind wir beleidigt, wenn der geliebte Partner etwas gegen uns oder unsere Ansicht vorbringt?

Denken wir also einmal über uns selbst nach und achten wir darauf, wie *wir selbst* reagieren, und *erst* dann wollen wir uns dem Partner zuwenden. Können wir zum Beispiel in Selbstverständlichkeit und in Ruhe mit dem andern darüber reden, was uns widerspricht, was uns nicht gefällt, wo wir innerlich mit Widerstand reagieren? Kann der andere seine Ansicht überhaupt bei uns vorbringen? Hören wir zu, lassen wir ihn zu Wort kommen, lassen wir ihn an uns herantreten, oder spricht immer nur einer? Es gibt Menschen, die sich immer so verhalten, als wären sie angegriffen; sie sind in permanenter Abwehrstellung, stets etwas mürrisch, rasch polternd, laut, auch schnell aggressiv und generell zum Angriff bereit – Angriff im Sinne von prophylaktischer Abwehr. Sie stellen eine Warnhaltung zur Schau, die den andern grundsätzlich in Distanz hält und jeden zur Vorsicht mahnen soll. Das sind Menschen, die im Grunde Angst vor dem andern haben, vor dem, was auf sie zukommen könnte in der Begegnung, die ja nie vorher festgelegt und genau zu berechnen ist. Es sind dieselben, die sich vor der Auseinandersetzung von Mensch zu Mensch überhaupt fürchten und sich ihr nicht gewachsen fühlen, die also um ihre Position bangen und darum eine stete Wachsamkeit und immer kleine Abwehrmanöver in Bereitschaft haben. Auch als Mitarbeiter im Beruf verhalten sie sich so, gegenüber Vorgesetzten und gegenüber Untergebenen; sie verhalten sich so als Partner, als Vater, als Mutter, als Nachbar. Immer, wo wir sie auch treffen, sind dies die Mechanismen, die wir beobachten können: affektive Reizbarkeit, Mangel an Toleranz, Unfähigkeit zur Sachlichkeit, sofern es sich um persönliche Dinge handelt – was nicht bedeutet, daß sie unter Umständen in bestimmten Sachgebieten vernünftig und sachlich reden können. Aber sobald das Thema sie selbst angeht, sobald sie selbst betroffen sind, sobald ihr Ehrgeiz, ihre Persönlichkeit angesprochen werden, sind sie nicht mehr zur Sachlichkeit bereit. Im Grunde stehen dahinter Ängstlichkeit und Ich-Schwäche. Bei den Tieren spricht die Verhaltensforschung vom Imponiergehabe. Das soll ausdrücken, daß Tiere, die Angst haben und sich gefährdet fühlen, zunächst dazu übergehen, durch aggressives Gebaren – indem sie die Haare oder Federn sträuben, indem sie fauchen, indem sie Angriffshaltung einnehmen – den andern, den Feind abzuschrecken. Sie spielen also die Rolle des Starken und des Angriffslustigen und versuchen so, den andern abzuwehren und sich selbst zu schützen oder dem Angriff zu entgehen.

»Frau Wichtig«

Ebenso ich-schwach und im Gefühl der Unzulänglichkeit lebt der Mensch, der stets im Rückzug lebt, also jener, der sich nie stellen will, der sich immer gleich zurücknimmt, sich jedoch im Innern dabei gekränkt, enttäuscht fühlt und sich im Schatten des Lebens glaubt, also leicht verletzt ist, dies jedoch nach außen nicht zeigt oder sich selbst nicht eingestehen kann. Menschen, die sich der Auseinandersetzung entziehen, ihre Aggression nicht zeigen und ihre Abwehr nicht deutlich machen, haben ihre eigene Form der Gefährlichkeit: Sie sind in ihrer Reaktion unberechenbar und üben, zuweilen ganz unbewußt, Rache – eine Rache, die sie vielleicht als solche gar nicht erkennen und auch nicht einmal wollen. Oft sind sie gekränkt, nehmen viel übel, neigen zu masochistischen Leiden und entziehen sich immer dem Gespräch, der klaren Äußerung ihrer Meinung. Ihre Rache kann heimtückisch werden, weil sie sich im Grunde immer in einer Spannung befinden, die im Laufe der Zeit dadurch entsteht, daß sie sich nie stellen und ihre Aggressionen in sich hineinfressen. Diese Spannung muß sich irgendwann einmal abreagieren. Sie bekommen zum Beispiel Kopfschmerzen, werden krank und zwingen ihren Partner, sich ihnen zu widmen, sich ihrer mehr anzunehmen, um ein größeres Maß an Zuwendung zu erhalten. Solche Menschen können depressiv reagieren, apathisch werden und psychische Haltungen und Störungen entwickeln, die wohl oder übel eine größere Konzentration des Partners auf sie zur Folge haben. Dieser wird nicht allein belastet, alle andern in der Familie oder im Betrieb haben darunter zu leiden, wenn in dieser Weise Rache und Aggressionen verarbeitet werden.

Denken wir an jene junge Frau, die so viel Geschirr zerschlug. Ihr Mann hatte sie im Haushalt immer überwacht und ihr Vorschriften in Bereichen gemacht, die er eigentlich ihr hätte überlassen müssen. Er war ein schulmeisterlicher Partner. Sie konnte sich ihm gegenüber nicht wehren und hatte auch nichts dagegen geäußert, daß er sie in so kindlicher Weise betreute und schulmeisterlich behandelte. Aber sie zerschlug immer viel Geschirr. Die Situation änderte sich erst, als das Problem durch eine große Aussprache eine gewisse Entspannung und im Lauf der Zeit schließlich auch eine Lösung fand, indem beide sich bemühten – der eine in Abwehr, der andere in Selbstkritik –, Bevormundung und Schulmeistereien abzubauen. Es war nicht damit getan, daß er sich zurückhielt in seinen gewohnten Äußerungen und, wie man so sagt, »sich beherrschte«. Das, was in ihm in solcher Weise agierte, mußte erkannt und *dazu* – also zu einem Teil von sich selbst – mußte er Stellung nehmen lernen. Wir fanden auch das, was zu solchen Wichtigtuereien und Fehlhaltungen motivierte. Dieser mit schulmeisterlichen Zwängen behaftete Ehemann agierte seine Mutter. Sie hatte ihn auch von früh bis spät überwacht, war hinter allem her, mußte alles sehen und hören und zu allem ihre Bemerkungen geben. Ohne sie sollte nichts ablaufen. Sie war die Hauptperson in der Familie, war »Frau Wichtig«. Alle hatten mehr oder weniger unter ihr gelitten, weil sie den anderen mit ihr lebenden Menschen in keiner Altersstufe als ein eigenes Wesen respektieren konnte. Ihr Sohn hatte sie zuweilen darum gehaßt. Daß er die Mutter introjiziert hatte, sie nun ein Teil von ihm selbst war und er sich ebenso verhielt, nur durch Variationen verschleiert, dessen war er sich nicht bewußt.

Lange hatte er sich immer »im Recht« gefühlt. Denn oberflächlich betrachtet hatte er natürlich recht, wenn er darauf achtete, daß die Blumen gegossen, der Eisschrank abgetaut und rechtzeitig Vorräte eingekauft wurden. Dieser Partner mußte erst ein wenig mehr seine eigene Problematik durchschauen lernen, ehe er begreifen konnte, daß man zwar recht haben kann, jedoch in einem tieferen Sinne im Unrecht ist. Er genoß es, überlegen zu sein, zu belehren, aber er brachte nicht die Feinfühligkeit auf, zu erkennen, was für eine Rolle er dabei spielte und wie sehr er seine Partnerin quälte und irritierte. Wäre er selbst ein wenig weiter gewesen, hätte er fühlen müssen, daß er seiner Frau helfen mußte, sich zu verselbständigen, auch ihm gegenüber. Wie sehr sie der Hilfe bedurfte, um sich wehren zu lernen bei andern wie auch bei ihm selbst, das konnte er nicht wahrnehmen, weil er sich selbst allzusehr feierte.

Recht haben genügt nicht

Man kann sich also auf verschiedene Arten der Auseinandersetzung entziehen: durch Aggression oder durch Rückzug. Rückzug kann man betreiben durch Weglaufen, durch Schweigen, durch Lospoltern, so daß der andere gar nicht mehr zu Wort kommt. Aber auch Schreien und Angriff können, wie wir sahen, Abwehr sein. Sogar Schweigen kann zu einer recht aggressiven Sache werden. Wir kennen das alle: Es hat sich einer über seinen Partner geärgert, dann kommen Freunde und andere Gäste zu Besuch, der Betreffende sitzt unbeteiligt und mokiert dabei, und jeder der Anwesenden hat unter der seelischen Situation und der Reaktion des Gekränkten zu leiden. Diese Art von Rache wirkt unendlich belastend und kann über Stunden hinweg die andern Menschen bedrücken. Derartige Verhaltensweisen sind deshalb oft aggressiver und für den Partner unerfreulicher, als wenn der andere lospoltert und seine Aggression nach außen entlädt.

Aber all diese Reaktionen zeigen immer nur das eine: Ich will mich den Problemen, die durch das Zusammenleben in einer Partnerschaft von Mensch zu Mensch entstehen, nicht sachlich stellen, ich will mich nicht kritisch selbst betrachten, geschweige denn von den andern kritisch betrachtet werden. Im Grunde heißt das: Ich will nichts dazulernen. Wir müssen aber immer festhalten: Menschen, die nichts dazulernen wollen, sind für ihre Umgebung eine Zumutung. Diese Maxime gilt immer und für alle Altersstufen, auch für die Siebzigjährigen.

Alle derartigen Verhaltensweisen sind infantil und gefährden jede Partnerschaft und jedes Zusammenleben, weil sie nicht nur keinen Anreiz zur Entwicklung bieten, sondern auch jede Chance zur Entwicklung und Reifung der Partner unterbinden. Streitsituationen entstehen aus kleinsten und belanglosesten Anlässen, aber eben immer nur dann, wenn empfindliche Menschen beisammen sind, also Ich-Schwache oder infantil Selbstherrliche, die sich – jeder auf seine Weise und aus verschiedenen Motiven – sträuben, sich etwas sagen zu lassen, und nicht weltoffen sein bzw. nicht partneroffen leben möchten. Dieses Suchen nach Bestätigung und Bewunderung führt dazu, daß man sich zunächst einen Partner wählt, der einem diese erwünschten Bonbons gibt. Das wird dann mit Liebe verwechselt, ein verhängnisvoller Irrtum. Man kann beobachten, daß sich der Wunsch nach echter Beziehung und Auseinandersetzung nicht abtöten läßt, wenn im Verlauf des Zusammenlebens in einer Partnerschaft unerwartete Probleme auftauchen und das Rollenspiel von Bewunderung, Selbstherrlichkeit und »Bonbonsgeben« durchbrochen wird.

Es gibt auch Streitphasen positiver Art. Sie führen jedoch nur dann zu einem Ergebnis und über den Zustand latenter Streitbereitschaft hinaus, wenn im Streiten nicht nur blind agiert und abreagiert wird, vielmehr die Hintergründe hinter dem Streitanlaß zum Vorschein kommen, das heißt im Bewußtsein der Streitenden Einlaß finden.

Ein junges Paar war seit Wochen zunehmend in Streitbereitschaft. Auslösend waren Kleinigkeiten: Sie ließ den Wasserhahn tropfen, vergaß einzukaufen, obwohl sie es bei der gemeinsamen Arbeitsverteilung als Aufgabe übernommen hatte. Er erregte sich über ihre Unzuverlässigkeit und über ihren Mangel an Lernbereitschaft. Dabei fühlte er sich im Stich gelassen. Er war nun hinter den Dingen her, die nicht ihre Ordnung hatten: Er löschte abends die Lichter, sah nach dem Wasserhahn, dem Gashahn und manövrierte sich immer mehr in die Aufpasser- und Lehrer-Rolle hinein. Als er diese Probleme in der analytischen Gruppentherapie eines Tages vorbrachte, fühlte er sich im Recht, durch das Verhalten der Partnerin verärgert zu sein, zumal sie sich nicht besserte und auch nicht zu erkennen gab, daß sie sich schuldig fühlte. Formal besehen hatte er sicher recht. Aber mit dem Rechthaben ist noch gar nichts gesagt. Er wußte nicht – was die Gruppenmitglieder durch ihre Fragen herausarbeiteten und ihm ins Bewußtsein führten –, daß man formal recht haben und zugleich im Unrecht sein kann. Er war sich nicht darüber im klaren, daß er in der Beziehung zu seiner Partnerin von Anfang an der Überlegene war und sein wollte, weil er dieses Überlegenheitsgefühl notwendig für angeschlagenes Selbstgefühl brauchte. Sein Besserwissen, Besserkönnen, Rechtmachen, der Wunsch, geistig überlegen zu sein, ließen ihn mit der Zeit für seine Partnerin erdrückend und lästig werden. Sie empfand ihn als eine Mischung von Vater, Lehrer und Pascha, so daß er für sie wie ein Mann aus vergangener Zeit wirkte, der durch das Ausspielen seines Überlegenheitsanspruches den Kampf der Geschlechter heraufbeschwor. Sein innerer Hochmut war ihm nicht bewußt. Er hatte keine Ahnung davon, daß er seiner Partnerin nicht auf gleicher Ebene begegnete. Während sie ihn lange Zeit bewunderte und sich in dieser Rolle zufrieden glaubte, provozierte sie Streitsituationen, vergaß Dinge, die sie nicht vergessen wollte, wurde unzuverlässig und trat aus der bisherigen Form des Zusammenlebens heraus, ohne sich dessen bewußt zu sein.

Anlässe zum Streit und ihre Gründe

Kleine Vergeßlichkeiten, wiederkehrende Ungeschicklichkeiten müssen in ihrem tieferen Zusammenhang aufgespürt werden. Nicht immer, aber zuweilen ist es eine unbewußte Wehr. Dann widersetzt sich die unbewußte Psyche Bedrängungen und Einengungen, die persönliche Entfaltung behindern oder gar unmöglich machen. Oft ist zu beobachten, daß das bewußte Ich sich die Wahrheit noch nicht einzugestehen traut. Vom Bewußtsein her wird die begonnene Rolle noch weitergespielt. Man hat noch nicht den Mut, das klar zu durchschauen und zu formulieren, was empfunden wird. Es ist wie in der Kindheit: Man spielt liebes Kind und versucht Anpassung an das zu leisten, was der andere erwartet, und gerät mit sich selbst in Konflikt, weil man den Konflikt mit dem Partner nicht wagt. Es ist dann immer eine Frage der Zeit, wann solche Beziehungen so unerträglich werden, daß sich gesunde Kräfte aktivieren, die Auseinandersetzung und Klärung fordern, oder aber Symptome der körperlichen oder seelischen Krankheit als Balance-Versuche auftreten. Auch solche Reaktionen sind Lösungsversuche, weil viele in dieser Weise belastete Menschen dadurch im Rahmen einer Behandlung – sofern ärztlicherseits die tieferen psychischen Zusammenhänge erahnt werden – Hilfe bekommen für Lösungen, die sie allein nicht zuwege bringen.

Ein weiteres Beispiel soll erkennen lassen, wie notwendig es ist, nicht nur den jeweiligen Anlaß zum Streit, sondern die dahinterliegende Motivation zu erforschen. Ein junges Ehepaar geriet immer dann in Streit, wenn der Mann sich in die Kindererziehung einmischte und sich mit den Kindern beschäftigte. Die Mutter der Kinder hatte stets etwas dagegen einzuwenden, so daß dies immer wieder zu grundsätzlichen Spannungen führte. Zweifellos hatte sie mehr Geschick im Umgang mit den Kleinen, hatte auch ganz bestimmte Erziehungsvorstellungen. Bei näherer Betrachtung der Familiensituation stellte sich jedoch heraus, daß sie die beiden Kinder dem Mann mehr oder weniger vorenthielt. Sie betrachtete sie von Anfang an als ihr persönliches Eigentum, ihren erweiterten Lebensbereich, der ihr Selbstbewußtsein und ihr Machterlebnis außerordentlich steigerte. An den Kindern offenbarte sich, daß Mann und Frau nicht in Zweisamkeit, nicht im Dialog lebten. Vielleicht wollte sie im Grunde gar keinen Partner, nur Kinder. Ihnen gegenüber kann man mehr Selbstherrlichkeit und Allmachtserlebnisse aufbauen als in der mühsamen Auseinandersetzung mit einem Partner. Die Frau glaubte, alles für ihre Kinder zum Besten zu bestellen, eine außerordentlich hingebungsvolle Mutter zu sein. In Wirklichkeit ließ sie die Kinder etwas Entscheidendes entbehren: Sie erlebten nicht die Gemeinsamkeit von Vater und Mutter, nicht echte Familiensituation, vielmehr nur eine alles beherrschende Mutter. Wie wir aus der Therapie von entwicklungsgestörten Kindern und Jugendlichen wissen, sind solche Mütter eine Gefahr, weil sie die verborgenen persönlichen Probleme, die hinter ihrer vermeintlichen Liebe zum Kind stecken, nicht erkennen wollen. In Wirklichkeit ging es in dieser Ehe nicht um die Kinder, sondern um ganz andere und sehr tiefgreifende Probleme. Diese Mutter verbarg hinter ihrer Kinderliebe ihren Machtanspruch, ihren Egoismus, ihre Unfähigkeit zur Partnerschaft.

Söhne solcher Mütter träumen vom Kampf mit der Hexe oder negativen Frauengestalten. Unbewußt erkennen solche Kinder, daß sie verschlungen, »aufgefressen«, gefangengehalten werden, was auch in den Traumbildern sichtbar wird. Ein sechzehnjähriger Junge, den seine Mutter nicht loslassen wollte und über die Kindheit hinaus nicht zur eigenen Entscheidung, zur Selbsterfahrung kommen ließ, träumte, eine böse Alte wollte ihm den Penis abschneiden. Er fühlte sich in seinem Mannwerden gefährdet und bedroht. Negative weibliche Kräfte wollten ihn kastrieren, seine Potenz nehmen und ihn als Kind halten. Unbewußt konnte dieser Junge klar erkennen, daß Liebe und Zuneigung mißbraucht wurden. »Was habe ich für dich alles getan! Und nun hast du es nicht mehr nötig, Weihnachten bei uns zu sein.« In solcher Weise wurden Schuldgefühle erzeugt, als er mit achtzehn Jahren dann über die Weihnachtszeit zum Schifahren mit Freunden auf eine Hütte wollte.

»Du willst mich erziehen«

Sehen wir uns noch andere Beispiele aus dem Alltag an. Nehmen wir an, eine Frau mache ihren Mann darauf aufmerksam: »Du sprichst immer mit vollem Mund. Du verbietest es zwar den Kindern, aber du machst es selbst. Vermutlich bemerkst du es gar nicht. Außerdem mag ich es selbst nicht leiden, ich sehe dich nicht gern mit offenem Mund essen und sprechen.« Oder er wirft seiner Frau vor: »Du legst nie die Wagenpapiere und die Wagenschlüssel an den Platz. Ich muß jedesmal, wenn ich mit dem Wagen wegfahre und du vorher das Auto hattest, nach Wagenschlüssel und Wagenpapieren suchen. Das ist eine Unfreundlichkeit mir gegenüber, und ich mag nicht, wenn du nur eine so mangelhafte Ordnung halten kannst.« Das sind Vorkommnisse, die uns alle heute oder morgen begegnen können.

Nun ist die Frage: Wie wird es dem Partner gesagt – polternd, kritisch, affektiv, herausfordernd, kränkend? Und die andere Frage ist: Wie nehme ich es hin? Kann ich es sachlich annehmen, oder kann ich mich überhaupt zunächst damit beschäftigen, ob das wahr ist? Kann ich es selbst bei mir verfolgen, oder muß ich sofort in eine Reaktion – ich möchte sagen – »verfallen«? Es muß beides verkraftet werden. Es muß verkraftet werden, daß der andere Fehler haben darf, daß er eben mal den Autoschlüssel nicht an den richtigen Platz legt oder sich unter Umständen auch bei Tisch gelegentlich nicht korrekt benimmt. Doch es muß auch verkraftet werden, daß einem dann diese Tatsachen gelegentlich vorgehalten, das heißt ins Bewußtsein geführt werden. Die Empfindlichen wie die Selbstherrlichen schaffen sich meist eine Welt und eine Atmosphäre, in der man gar nicht an sie herantreten darf. An sie kommen diese Fragen gar nicht mehr heran, weil jeder weiß, daß es außer Diskussion steht, daß es gar nicht möglich ist, darüber miteinander zu sprechen. Also auch hier wieder: die Furcht, sich etwas sagen zu lassen, die Angst vor Einbuße des Selbstgefühls.

Mit solchen verborgenen Ängsten und solch schwachen Ich-Kräften treten viele jedoch ganz selbstherrlich und aufgeblasen dem andern gegenüber, sofern es jemand ist, der in seiner eigenen Schwäche oder Verliebtheit sich davon beeindrukken läßt. Es gibt Menschen, die in jeglicher Situation eines offenen Wortes dem andern Schuld zusprechen und sich selbst allem entziehen in dem Sinne: »Über mich wünsche ich keine Diskussion. Wir können über deine Fehlhaltungen reden.« Die Ausreden können lauten: »Du willst mich erziehen. Du bist nicht meine Mutter... oder mein Vater.« Oder: »Ach so denkst du von mir? Wenn du mich so siehst, brauchen wir nicht mehr miteinander zu reden.« Und so kommt es denn auch gar nicht dazu, festzustellen, warum der andere ihn so sieht, ob wirklich Nacherziehung notwendig ist, weil keine Selbsterziehung geleistet wird. Der gesunde und um Partnerschaft bemühte Mensch möchte nämlich wissen, was hinter solchen Aussagen vom andern steht.

Kritik annehmen

Ein beliebtes Ausweichspiel ist auch die Abwertung des andern: »Wir passen eben nicht zusammen. Wir sind zu verschieden. Ich bin ein feinfühliger und künstlerischer Mench, du bist unsensibel und eine Krämerseele.« In solcher Weise werden Gedanken abgewehrt, die zu der Frage führen würden, was in uns selbst nicht in Ordnung ist. Wenn ich den andern abwerte, brauche ich über seine Aussagen gar nicht mehr nachzudenken. Die Kritik von einer Krämerseele geht mich gar nichts an, weil sie meinen Höhenflug überhaupt nicht verstehen und fühlen kann. Das aber ist immer der Feind jeglicher Partnerschaft. Diese gibt es nur über die Auseinandersetzung. Wie ist das normale Reagieren eines gesunden Menschen? Er kann doch, ohne gekränkt zu sein, ohne den Beleidigten zu spielen, ganz einfach zunächst einmal zuhören. Er kann auch eine kritische Bemerkung annehmen und sagen: »Ich will darauf achten, ich will selbst dahinterkommen, ob es so ist.« Oder man kann sogar sagen: »Sag mir das nur. Ich möchte, daß ich selbst merke, wenn ich es tue.« Man kann noch weitergehen: »Ich will darauf achten, ich will mir das abgewöhnen. Ich kann es akzeptieren, daß du das nicht haben willst und daß dir das unangenehm ist.«

Entscheidend ist, ob wir Kritik annehmen können, ohne daß wir sofort dazu übergehen, dem andern etwas anzukreiden. Es gibt viele Menschen, die etwas zugeben und Kritik annehmen, aber sofort zum Gegenschlag ausholen und sagen: »Ja, ja, gut, dann esse ich mit vollem Mund, aber du hebst so oft den Arm nicht beim Essen.« Oder: »Du trinkst so oft mit vollem Mund, also paß du nur auf dich auf.« Diese Form, in den Gegenangriff überzugehen oder den andern sofort gewissermaßen kleinzumachen, daß er nicht mehr in vermeintlicher Vollkommenheit vor mir steht, sich zum mindesten in der Situation ebenfalls klein fühlen muß, das ist eine Abwehr, die andeutet, daß man es im Grunde nicht verkraften kann, vom andern Kritik hinzunehmen und darüber nachzudenken. Es ist viel besser, einem Partner zu sagen, was uns stört. Nicht sofort und nicht beim erstenmal, aber dann, wenn wir bemerken, daß es bei ihm Gewohnheit ist, die uns lästig wird und die uns ausgesprochen stört. Versuchen wir in ruhiger, offener Kritik auf die unangenehmen Tatsachen aufmerksam zu machen, uns nicht zu ärgern, den Groll nicht in uns aufzustauen und zuzuwarten, bis der Bogen so sehr gespannt ist, daß wir die Kritik nur noch explosiv und affektiv vorbringen können.

Spielregeln

Man sollte eine Kritik, die wir sicher oft mit Berechtigung einander gegenseitig vorzubringen haben, nicht vor andern äußern, auch nicht vor den Kindern, vor Oma und Opa, die mit in der Familie leben, und natürlich erst recht nicht vor Freunden, Bekannten oder Gästen. Es gibt immer wieder Partner, die nur dann, wenn andere dabei sind, in Plänkeleien, in spaßhaft anmutenden, aber im Grunde ernstgemeinten Witzen und Ränkereien das vorbringen, was sie immer schon sagen wollten, was sie aber nicht in einer ernsten und echten Aussprache besprechen können. Auch das ist ein Zeichen, daß die Partner nicht offen miteinander sind. Sie haben nicht den Mut, eventuell eine Streitsituation zu riskieren, eine Kampfsituation zu wagen, und bringen dann in nur zum Schein spaßig aufgezogenen Plänkeleien ihre Kritik und ihre Nörgeleien vor, wenn Besuch da ist und der Partner sich vor den Gästen nicht zu wehren traut oder eben eine peinliche Situation zu umgehen bemüht ist. Dann wird mit dem fairen Verhalten des andern gerechnet. Dies hört sehr bald auf, wenn man dem andern dies bewußt macht und ihn darauf hinweist, daß man bei weiteren Provokationen sich in Zukunft auch vor den Freunden und Besuchen zu wehren wissen wird. Das muß dann auch tatsächlich geschehen. Dies läßt sich ganz einfach durchführen, indem man vor den Gästen in der Richtung der Wahrheit etwa sagt: »Mein Mann liebt es, mich vor andern klein oder lächerlich zu machen. Ich weiß nicht, warum er dies nötig hat.«

Es gibt Menschen, die es lieben, andere zu kritisieren, und die auch ihren Partner dazu benutzen, um ihre Kritiksucht loszuwerden. Es sind die, die allzuviel am andern beobachten, allzuviel Kritisches feststellen und die allzusehr damit beschäftigt sind, auf den andern aufzupassen und weniger auf sich selbst. Wo zu viel kritisiert, wo zu viel vorgebracht wird, ist Vorsicht geboten. Vor allem ist darauf zu achten, ob derjenige, der Kritik am andern übt, ihm ab und zu auch etwas Positives sagt, ob er Äußerungen, Handlungen, Verhaltensweisen des Partners, die eben liebenswert sind, wahrnimmt und sie ihm gegenüber liebevoll anerkennt, oder ob er es vergißt, etwas Liebes zu sagen.

Auch mit dem Psychologisieren wird viel Mißbrauch getrieben. Es ist im allgemeinen ein Jonglieren mit psychologischen Detailkenntnissen, die stümperhaft angewandt werden. Mit psychologischen Erläuterungen kann man sich selbst wichtig aufspielen und den andern gut verpackt entwerten oder wehrlos machen. Der Laie läßt sich durch solche Psychologisierer allzuleicht bluffen. Die Freude daran, andere zu analysieren, ist bei jenen am größten, die sich gerne dem psychologischen Nachdenken über sich selbst entziehen.

Explosiv kann man nicht nur in der Reaktion sein, indem man Kritisches vorbringt, man kann auch explosiv antworten – etwa in der Form: »Ja, ich weiß, ich tauge nichts. Ich bin ein Rüpel, ich mache alles falsch und ich bin ungezogen und sowieso nichts Rechtes.« Das ist natürlich eine Abwehr affektiver Art, mit der eine Situation hergestellt wird, die es dem andern unmöglich macht, sachlich über das Thema weiterzusprechen. Es muß also immer klar und offen bekannt werden von beiden Seiten: »Ich lasse mir etwas sagen, ich bemühe mich, von dir etwas aufzunehmen, und ich bin bereit, etwas dazuzulernen.« Aber auch hier gibt es eine Grenze der Belastbarkeit, die bei jedem wieder verschieden ist. Wird sie erreicht, sollte man es aussprechen, daß jetzt das Aufnehmen und Dazulernen zu viel wird. Gelegentlich muß man dann seinem Partner sagen: »Du, jetzt laß mich eine Weile in Ruhe; denn ich bin bemüht, an mir zu arbeiten, ich gewöhne mir einiges ab, und du wirst es auch bemerken und sehen. Erst dann wollen wir das nächste Thema aufgreifen.«

Schwierig wird die Situation, wenn es sich um ernstere Zusammenhänge handelt und weniger um formale und oberflächliche Bereiche. Etwa: Sie will berufstätig sein, er ist dagegen.

Oder: Sie will die Fahrprüfung machen, mit dem Familienwagen gelegentlich Besorgungen erledigen und dadurch beweglich sein. Oder: Er will sich an einem andern Ort um eine Stelle bemühen, die für ihn zwar sehr günstig ist, aber der Ortswechsel der Familie bringt Probleme mit sich, die sie ablehnt. Oder: Er will zufrieden und bescheiden leben, sie aber hat das Bedürfnis nach Statussymbolen, nach gesellschaftlicher Geltung. Solche Fragen lassen sich im allgemeinen nicht mit einem einzigen Gespräch lösen. Um zu einer sachlichen Klärung zu finden und um blinde und affektiv geführte Zänkereien zu vermeiden, muß man sich länger mit einem solchen Thema beschäftigen. Es ist darum eine Hilfe, ein Blatt Papier zu nehmen, in zwei Teile zu teilen und auf der einen Seite die dafürsprechenden Pluspunkte, auf der anderen Seite die Minuspunkte aufzuschreiben. Auf diese Art kann man ein Thema umkreisen, und jeder kann mehr oder weniger ausführlich vorbringen, worum es ihm geht, was er herausfindet, was er dabei erlebt. Es kommt nicht auf die Wortgewandtheit des einzelnen an, man kann während der Woche seine Gedanken dazuschreiben und wird dann nicht einfach überredet und im Wortgefecht überstimmt. Wichtig ist auch hier, die Hintergründe zu durchleuchten, die zu Meinungsverschiedenheiten führen. Etwa: »Warum willst du denn den Kraftwagen für dich alleine haben? Warum soll er nicht auch für mich und die Familie zur Verfügung stehen, wenigstens da und dort an einigen Nachmittagen?« Oder die Frage: Was steht dahinter? Ist das nicht eine sehr patriarchalische Vorstellung, daß nur der Mann das Auto fährt oder daß nur er für sich allein über solche Dinge bestimmt und entscheidet? Oder: Warum sucht sie äußeres Prestige und warum sind Statussymbole für sie so wichtig? Dann kommt man im Gespräch und in der Auseinandersetzung über das gemeinsame Bedenken – um ein Beispiel zu nennen – dahinter, daß die Frau in der Kindheit sich immer zurückgesetzt fühlte, daß sie Angst hatte, nichts zu gelten oder gegenüber Schulkameradinnen sozial schlecht gestellt zu sein. Dann kann man die inneren Zusammenhänge aufklären, aufdecken. Das heißt nicht, daß damit schon alles geklärt ist und daß man eine Lösung des Problems nicht mehr nötig hat, aber man kann von beiden Seiten etwas mehr Bewußtheit für die Situation erarbeiten und auf beiden Seiten das richtige Verständnis erwecken. Mancher kann dann mit Lächeln Zugeständnisse an solche Bedürfnisse machen, und auch der, der die Ansprüche stellt, kann mit der Zeit lernen, darüber zu lächeln und eines Tages auch über manches leichter hinwegzugehen. Mit der Fähigkeit, Zusammenhänge zu durchschauen, wächst zugleich das Verständnis für den Partner und für sich selbst. Ohne Suche nach sachlichen Lösungen bei Streitfragen bleiben Freundschaften und andere Beziehungen zwischen zwei Menchen oberflächlich. Ohne das Aufspüren der inneren Bedürfnisse und Motivationen bei sich und beim andern geht es im Grunde immer nur darum, vor dem Partner eine gute Fassade zu zeigen. Ängste, Nöte und andere Unvollkommenheiten bleiben verborgen, wenn man alles umgeht, was an bittere Wahrheiten rührt. Ein derartiges Miteinander ist letztlich unwahrhaftig und bietet keine Geborgenheit, sondern nährt die Angst und Unsicherheit bei beiden Partnern.

Wer schreit, hat es nötig

Eine ebenfalls häufig verbreitete Form der Auseinandersetzung ist das Rechthabenwollen. In diesem Zusammenhang muß etwas Grundsätzliches ausgesprochen werden: Es ist immer möglich, daß bei einer und derselben Sache zwei verschiedene Aspekte richtig sind. Zwei verschiedene Meinungen können also recht haben. Wenn der eine Partner oder gar beide darauf bestehen und sogar darum kämpfen, recht zu behalten, steht es um ihre Partnerschaft nicht gut. Dies wäre der Beweis dafür, daß nur um das persönliche Prestige oder in den Rollen der Geschlechter gekämpft wird. Es würde sich dann um eine zwar demonstrativ gezeigte, nicht aber um eine vollzogene Emanzipation handeln, wenn ein Paar sich im Kampf ums Rechthaben erschöpft. Jeder kämpft um die Bewahrung seines schwachen Ich. Es geht bei beiden noch nicht um ein Wir. Beispiele dafür sind: Der eine verteidigt *seine* Familie, *seine* Eltern, weil er es nicht ertragen kann, wenn der andere an ihnen Kritik übt, und weil er es noch nicht gelernt hat, seine eigenen

Eltern in Distanz zu sehen und kritisch zu beurteilen. Oder der Mann fühlt sich in seiner Männlichkeit gekränkt, die Frau wird in ihrer Rolle in Zweifel und Unsicherheit gebracht. Ein anderes Beispiel: Der eine geniert sich, wenn sich der andere nicht so verhält, wie er meint, daß er sich verhalten sollte. In diesem Fall identifiziert er sich so sehr mit dem andern, daß er es nicht ertragen kann, wenn dieser sich anders verhält als erwartet. Oder: Sobald Aussprachen die Oberflächlichkeit verlassen und an ernstere Themen gelangen, setzt sofort Affektreaktion ein, womit natürlich vernünftige Lösungen und richtige Ergebnisse der Aussprache unmöglich werden. Statt dessen bleibt nur Beleidigtsein übrig und das Gefühl: Mich versteht ja doch niemand – er (sie) liebt mich nicht. Derartige sentimentale Äußerungen des Selbstmitleids können als Merkmal für Ich-Schwäche und egozentrisches Verhalten angesehen werden. Kleinigkeiten werden übertrieben wichtig und von beiden Seiten sehr ernst genommen; denn jeder handelt aus der Sorge um seine Eigenständigkeit und Selbständigkeit, um die er fürchtet. Derartige Kämpfe wirken wie das Verhalten von Trotzkindern. Alles wird zur Prestigefrage, zum Beispiel wer nach einem Streit zuerst wieder zu sprechen beginnt, wer einlenkt. Das Einlenken wird als Schwäche und Unterwerfung ausgelegt. Trotz und Starrsinn sollen Festigkeit und Stärke demonstrieren.

Bei einem derartigen Verhalten wird übersehen, daß hinter jedem solchen Demonstriergehabe immer eine Gegenposition, also das Gegenteil dessen, was demonstriert wird, verborgen werden soll. Wer schreit, will mit Gewalt seine Schwäche und Unsicherheit übertönen und damit abdecken und abwehren, will schockieren durch Imponierverhalten. Er gibt sich in Wirklichkeit nur zum Schein als der Stärkere und Überlegene aus und ist im Grunde der Schwächliche und Empfindliche, der sich nicht sachlich und ruhig durchsetzen kann und sich jedem vernünftigen Gespräch entziehen will. Schreier sind übrigens häufig im Unrecht und meistens hilflos. Man sollte sich nicht durch ihr Gehabe irritieren lassen, auch wenn es noch so sehr nach Stärke und vitaler Reaktion aussieht. Wer schreit, hat es nötig. Stärke verhält sich anders. Es ist wie bei den kleinen Hunden, die sich viel schneller geängstigt fühlen und darum entsprechend häufiger kläffen als die größeren Hunde, die sich meist auch nicht mitreißen lassen, wenn die kleinen bellen.

Auch der Trotzige demonstriert seelische Kraft, Charakter, Härte und Ich-Stärke, wie er meint. Aber auch er ist im Grunde nur kindlich eigensinnig und ohne gesunde Ich-Kräfte. Trotz, Eigensinn und Stolz sind immer ein Ausdruck dafür, daß man noch um sein Ich zu ringen hat, wie das Trotzkind und der Pubeszent. Ein ruhiges Gespräch über das Schreien, den Trotz und die Dickköpfigkeit kann man dann nur in einer ruhigen Stunde führen, sozusagen in einer normalen Phase. Denn in der Streitsituation selbst lassen sich die Betroffenen nicht ansprechen, sie werden nur noch trotziger und dickköpfiger. Man sollte diesen unsinnigen Brüllereien und Trotzereien, vor allem, wenn sie wiederholt vorkommen, sich entziehen und nicht zu ihrem Opfer werden. Derart brutale Reaktionen dürfen nicht dazu führen, daß sich der Partner vergewaltigt vorkommt, vielmehr sollte er sich einfach in ein anderes Zimmer absetzen oder ins Kino oder spazierengehen. Ich erinnere mich an eine Patientin, die sich, wenn ihr Partner ins Brüllen geriet, aufs Klo zurückziehen mußte, weil es keinen anderen Ort in der Wohnung gab, wo sie für sich sein konnte.

Schweigen als Strafe ist infantil

Auch mokantes Schweigen ist eine vergleichbare Provokation. Menschen, die sich inneren Schwierigkeiten nicht stellen können und der Situation des Streitens aus dem Weg gehen wollen, wählen häufig diesen Ausweg. Sie brechen dadurch die Beziehung bzw. die Auseinandersetzung ab und wollen den anderen strafen. Der andere soll einmal erleben, was es heißt, wenn er sich unwürdig verhält. Eine junge Patientin hat ein solches, sich über mehrere Tage hinziehendes Schweigen und Gekränktsein ihrem Mann dadurch abgewöhnt, daß sie an den betreffenden Abenden einfach zu ihren Freundinnen und Bekannten ging und fröhlich nach Hause zurückkehrte. Auf diese Weise hat sie allmählich erreicht, daß die mit diesem Schweigen verbundenen Quälereien aufhörten. Wenn man jedoch auf ein derartiges

Fehlverhalten eingeht, sich besonders um den Schweiger bemüht und besonders nett zu ihm ist, um wieder seine Wohlgeneigtheit zu gewinnen, wird man nur das Gegenteil erzielen: Der Schweiger wird noch weiter schweigen, sich noch mehr in seine neurotische Haltung flüchten und dadurch weiteren Effekt bei seinem Partner erreichen. Psychologisch gesprochen üben wir in solchem Falle Verstärkung aus, das heißt, wir führen zu der Erfahrung hin, daß mit solchem Verhalten etwas zu erreichen ist. Viele Betroffene sagen sich: »Ich beende diese Unerfreulichkeiten um des lieben Friedens willen« oder »um der Kinder willen« oder was man sich sonst vorreden mag, um die vorhandenen Spannungen wieder zu entladen. Es führt jedoch zu keinem »lieben Frieden«, vielmehr zu zunehmendem und immer häufiger angewandtem Unfrieden, wenn solche Fehlverhalten nicht konsequent beantwortet und Spannungen nicht ausgehalten werden können. Man muß sich dann nicht Abend für Abend in solcher Spannung begegnen, vielmehr kann man sich dann dem Zusammensein entziehen, zu Bekannten gehen, zu einem Vortrag, um bei sich selbst zu erleben, daß man von den infantilen Verhaltensweisen seines Partners sich nicht tyrannisieren läßt. Eine kluge und tapfere junge Frau legte ihrem Mann einen Zettel aufs Bett: »Laß mich wissen, wann du wieder Kontakt aufnehmen willst, dann werde ich abends wieder zu Hause sein. Du bist dran mit dem Neuanfangen – ich habe es das letzte Mal getan.«

Im Grunde genommen – das kann nicht deutlich genug ausgesprochen werden – ist der »mokante Schweiger« ein ungezogener Mensch, der nie gelernt hat, wie man sich zu seinen Mitmenschen verhält und sich mit ihnen auseinandersetzt. Er reagiert mit infantilen Mechanismen.

Wer allerdings solche Verhaltensmuster bei Vater oder Mutter erfahren hat, kann sich andere Verhaltensweisen nicht leicht aneignen. Ich habe beobachtet, daß sich die Schweigetaktik über Generationen hinweg fortgesetzt hat und alle Familienmitglieder, Großeltern, Kinder und Enkel, schwer davon betroffen und gequält wurden. Erst in der dritten Generation konnte dieses Fehlverhalten in psychotherapeutischer Arbeit aufgelöst werden, so daß eine echte Auseinandersetzung und die hierzu notwendige Arbeit an sich selbst möglich wurden und eine richtige Partnerschaft unter den Betroffenen entstehen konnte. An diesem Beispiel kann man ermessen, wie gefährlich es ist, wenn Erwachsene neurotische Verhaltensformen vor Kindern demonstrieren, da diese immer dazu neigen, für sich Reaktionsformen zu übernehmen, die sie in der Welt der Erwachsenen beobachten. Man prägt ihnen ungewollt Fehlverhalten ein, schadet ihnen damit psychisch und hindert sie daran, Vorstellungen zu entwickeln, wie man sich mit Partnern besser und fruchtbarer auseinandersetzt.

Tiefschläge

Hier muß noch angemerkt werden, daß es Kränkungen und Verletzungen gibt, die nicht nur den Empfindlichen, sondern auch den normal Reagierenden betroffen und traurig machen. Solche Tiefschläge vom andern kann man nicht einfach übergehen, als wäre nichts geschehen. Die Antwort ist jedoch nicht mit Schweigen, sondern über die Mitteilung des Gekränktseins zu vollziehen. Wenn eine Frau bei einem Streit dem Mann vorwirft: »Du bist ja wie ein Opa abends bloß müde und langweilig, bist ein spießiger Fernsehkonsument, bist ja impotent«, so ist dies zweifellos eine mißlungene und kränkende Form von Streit, die destruktiv wirkt. Hier kommen nur Vorwürfe massiver Art und auch nach viel zu lange ertragenem Stau. Dies klärt nichts, löst nichts, teilt außer blindem Affekt nichts mit von dem, worunter die Frau leidet. Das einzige, was erreicht wird, ist Kränkung an ganz empfindlichen Stellen, die solche Tiefschläger ja gerade treffen wollten. In diesem Falle hätte ein fragendes und Zusammenhänge aufdeckendes Gespräch viel früher stattfinden müssen. Verständnissuche für den müden Partner, aber vor allem auch Verständnissuche für die enttäuschte Partnerin bei sich selbst und die Mitteilung ihrer inneren Antwort auf sein Verhalten hätten viel mehr erreicht. Man darf nicht übersehen, daß zu viele und zu häufige Tiefschläge mit der Zeit Narben hinterlassen, das heißt, manches ist nicht mehr ungeschehen zu machen und verändert eine Beziehung oft zum Negativen hin. Auch im Streit sollte noch spürbar bleiben, daß man den andern verstehen will, wobei man gleichzeitig hinzufügen muß, daß man auch Verständnis für sich selbst aufbringen muß und dies auch vom Partner erhofft. Wer verletzt wurde, muß dies klar und deutlich mitteilen und auch darauf hinweisen, daß Partner in solcher Weise nicht miteinander umgehen können, ohne daß Schaden entsteht. Es muß dann ein neues Gespräch in Aussicht genommen werden, in dem mit mehr Sachlichkeit und mehr Einfühlung das gesagt und durchdacht wird, was gesagt werden wollte und sollte.

Trost: Alle müssen wir »nachsitzen«

Wer der Meinung ist, den andern bestrafen zu müssen, weil er gekränkt wurde, zeigt damit nur, in welch kindlichem Weltbild er noch befangen ist, in dem es nur gut und böse, schwarz und weiß gibt und in dem andere Konfliktlösungen unmöglich sind. Eine Strafe in diesem Sinn ist zum Beispiel der Abbruch der leiblichen Kontakte und des Austauschs von Zärtlichkeiten. Es ist keineswegs Ausdruck von Charakterstärke und von Stolz, wenn man meint, sich in einem noch ungelösten Streit nicht mehr umarmen zu dürfen. Gerade über den Hautkontakt läßt sich manches glätten. Über die Meinungsverschiedenheit hinweg wird dadurch die Gemeinsamkeit und die Nähe des Partners wieder unmittelbar erlebbar. Es darf aber nicht immer nur der eine der beiden sein, von dem Großmut des Herzens verlangt wird. Immer müssen beide gemeinsam lernen, wieder neu zu beginnen, Auseinandersetzungen zu vergessen und einen Schlußstrich zu ziehen. Nichts ist auf die Dauer mehr zermürbend, als wenn in einer Ehe längst erledigte Streitereien immer wieder nachgetragen werden. Humor, leiblicher Kontakt und Lachenkönnen bewahren uns davor, Zerwürfnisse allzu ernst zu nehmen und in zersetzender Starre steckenzubleiben.

Häufige Ursache von Spannungen und Unfrieden ist schulmeisterliches und gouvernantenhaftes Verhalten des einen Partners gegenüber dem andern. Wie oft beklagen sich Frauen darüber, daß ihre Männer ihnen keine Selbständigkeit zubilligen. Wie oft schildern Männer, daß sie wie kleine Jungen behandelt werden, und vor allem bei so lächerlichen Kleinigkeiten wie Flecken auf Krawatte oder Tischtuch, die sie versehentlich verursacht haben. Bei derartigen Bevormundungen müssen zwangsläufig beim andern Abwehrhaltungen entstehen. Man sollte deshalb immer darüber nachdenken, ob es sich eigentlich lohnt, über solche Unwichtigkeiten ein Wort zu verlieren, ob das Verständnis für eine Unachtsamkeit des Partners und somit das Übergehen nicht weitaus besser und partnergemäß ist. Ebenso sollte man Forderungen vermeiden, von denen der eine von vorneherein weiß, daß sie dem andern unbequem und unsympathisch sind. Auch hier sind es wieder die banalsten Alltagsvorkommnisse, die zu Spannungen führen. Sie müssen deshalb zitiert werden, weil sie so häufig sind. Etwa dies: Der Ehemann möchte zum Waldspaziergang die Kniebundhose tragen, die Ehefrau wehrt sich dagegen und kritisiert ihn, weil sie sich vor den fein angezogenen Nachbarn geniert. Bevormundungen solcher Art sind nicht nur albern, sie zeigen auch, wie wenig Selbstsicherheit die Frau in diesem Beispiel besitzt und daß sie eigentlich von ihrem Mann etwas verlangt, was sie selbst nicht aufbringt: Er soll nämlich im guten Anzug für ihr Prestige sorgen. Seien wir also mit unseren Forderungen vorsichtig und mehr selbstkritisch.

Benimmt sich jemand in Gegenwart Dritter in der Tat falsch, so deutet dies an, daß er in seinem Kontaktverhalten Mängel hat, daß seine soziale Einfühlung gestört ist. Wenn der Partner darauf aufmerksam macht, so sollte dies im Sinne einer Hinführung geschehen, damit der Betroffene diese Kritik für sich als Chance der eigenen Entwicklung annehmen kann. Was man zu Hause nicht gelernt hat, muß man später nachlernen. Hier mag es ein Trost sein, daß davon niemand ausgenommen ist: Wir alle müssen – jeder auf einem anderen Gebiet – »nachsitzen«, wir alle haben eine große Portion Selbsterziehung bis ins hohe Alter hinein zu leisten.

Bevormundungen bedeuten: den andern in die Rolle des Kindes zu drängen. Dagegen muß man sich mit vollem Recht wehren, denn das ist unter der Würde eines erwachsenen Menschen. Es ist aber auch unter der Würde des Partners, der den andern in diese Rolle drängt. Jeder hat das Recht, Fehler zu begehen – allerdings immer mit der Bereitschaft, aus seinen Fehlern zu lernen und einzusehen, daß wir unvollkommene Menschen sind. Mit dieser Einsicht fällt es jedem leichter, dem andern auch Fehler zuzugestehen und Bevormundung und Kritik zu vermeiden. Wer dagegen meint, daß ihm nie ein Versagen, ein Mißlingen unterlaufen könne, ist für seine Umwelt unerträglich. Solche Vorstellungen der eigenen Vollkommenheit erzeugen schwer zu verkraftende Intoleranz und damit Unbeliebtheit. Der Besserwisser ist ich-haft, will den andern übertrumpfen, und das heißt: mißbrauchen. Er ist wenig sozial, gemütsarm, ohne Einfühlungsfähigkeit für die andern und ist außerstande, seine Unzulänglichkeit selbst zu erkennen.

Es geht also immer um das eine: bereit zu sein, an uns selbst zu arbeiten, nur dadurch erwecken wir auch beim andern die Bereitschaft, dasselbe bei sich zu tun.

Alles, was in diesem Band gesagt wurde, kann mißdeutet, mißbraucht und so angewandt werden, daß es in direktem Gegensatz steht zu dem, worauf die Aussage hinzielt. Wer stets dabei ist, nur das für ihn Angenehme herauszusuchen oder gar nur das, was auf den andern zutrifft, wird alles Gesagte in solcher Weise ummünzen, daß es seiner Abwehr dient. Man sollte darum zunächst so vorgehen, daß man alles anstreicht, was man bei *sich selbst* als Problem findet. Interessant ist es auch, seinen Partner aufzufordern, in anderer Farbe anzustreichen, was er meint, was auf ihn selbst zutrifft. Erst nach diesen Überlegungen sollten beide mit wieder anderer Farbe das anstreichen, was sie für den andern zutreffend finden. Darüber ins Gespräch zu kommen lohnt die Mühe des Lesens. Wir müssen jedoch durch den Text schon gelernt haben, daß wir im Gespräch miteinander nicht alle angestrichenen Punkte zugleich und in *einem* Besprechen angehen können. Damit überfordern wir den Partner wie auch uns selbst. Wenn wir zunächst ein oder zwei Sachverhalte, die uns stark berühren, miteinander besprechen und abklären können, so ist dies schon eine gute Leistung im Partnerwerden. Wir sind alle unterwegs dahin, und niemand ist schon am großen Ziel angekommen.

Weitere Bücher von Hildegund Fischle-Carl im Kreuz Verlag:

Sich selbst begreifen

171 Seiten, kartoniert mit vierfarbigem Umschlag

Für dieses Werk wurde die Autorin vom Deutschen Verband Evangelischer Büchereien mit dem erstmals verliehenen Preis für das helfende Sachbuch ausgezeichnet.

»Die Autorin hat es verstanden, aus psychologischer Sicht eine allgemeine und doch sehr detaillierte Beschreibung der Probleme des Menschseins abzugeben. So heißt einer ihrer Schlüsselsätze: ›Der, der sich selbst begreift, der begreift die anderen.‹ Und so will sie mit ihrer Analyse der heutigen Problemwelt des Einzelnen auch nicht dem Anspruch einer Besserung der Umwelt, ja der Besserung der Welt gerecht werden, sondern fordert den Einzelnen auf, sich selbst begreifen zu lernen... Ich halte dieses Buch für eine gelungene Mischung aus wissenschaftlicher Praxis und einer auf den Einzelnen bezogenen, sehr verständlichen Aufklärung und somit für eine wichtige Lektüre für jeden von uns.«

Der Kompass

Fühlen was Leben ist

Die Bedeutung der Gefühlsfunktion

Stufen des Lebens –

Eine Bibliothek zu den Fragen unseres Daseins

Band 2

2. Auflage (9.–14. Tausend), 158 Seiten, Kunststoff flexibel

»Der Leser erkennt, daß das Gefühl befähigt, zunächst sich selbst anzunehmen, dann auch Kontakt zu anderen Menschen zu finden und so jeden Tag als reich, farbig und lebenswert zu erfahren. Die Autorin versteht es, dem in mancher Hinsicht abgestumpften oder gefühlsarmen Menschen von heute Möglichkeiten zur Entdeckung seiner unterentwickelten Fähigkeiten zu zeigen.«

Schleswig-Holsteinisches Ärzteblatt